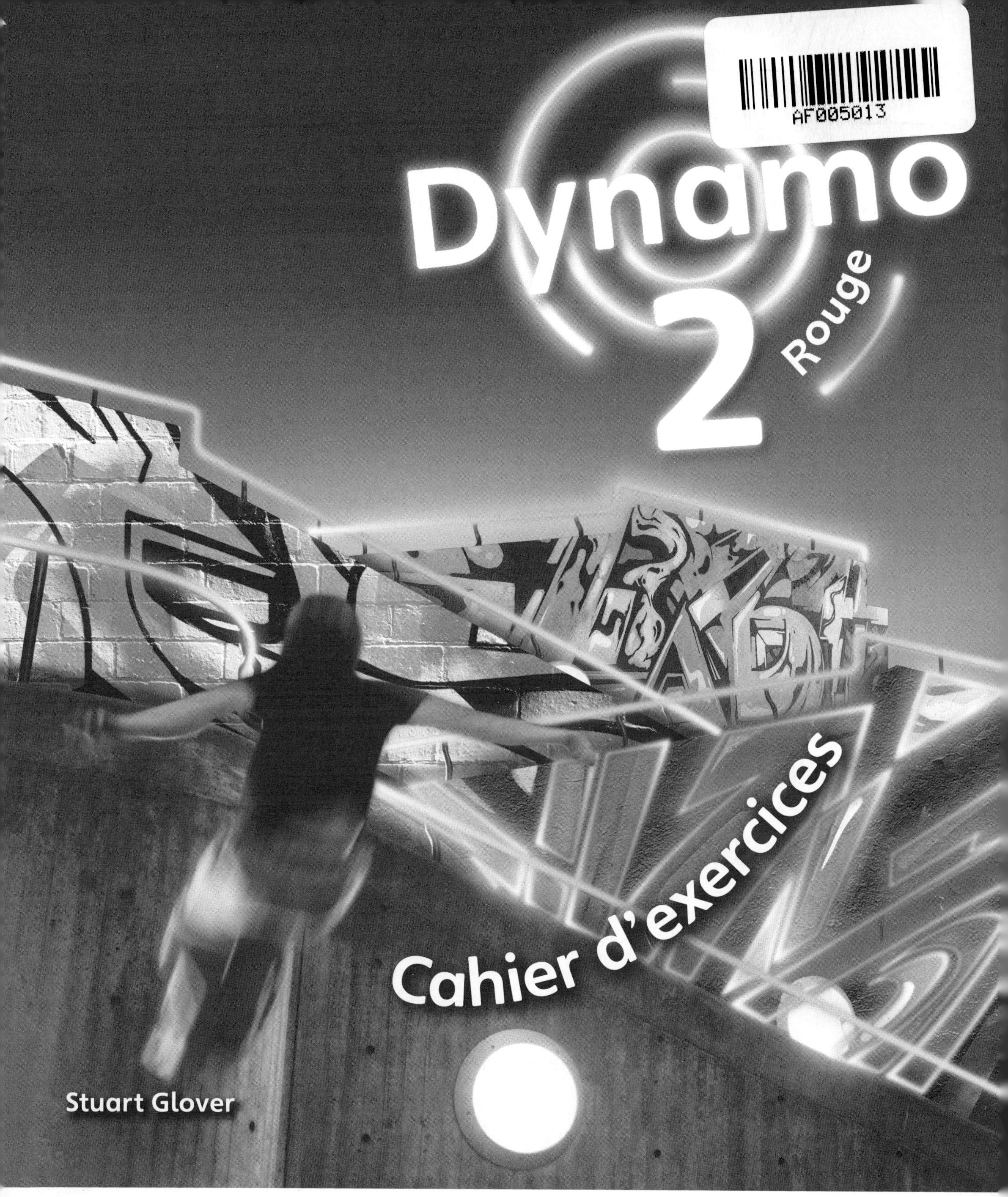

Dynamo 2 Rouge

Cahier d'exercices

Stuart Glover

Pearson

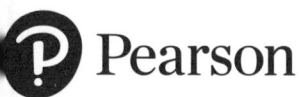

Point de départ
(pages 8–9)

Cahier Rouge
Module 1

1 Draw lines to match each French phrase to the English translation.

1 J'habite en Angleterre.   a We have two weeks of holiday.
2 Ils sont à la campagne.   b I live in England.
3 Nous avons deux semaines de vacances. c She is on holiday.
4 Elle est en vacances.   d It's boring.
5 Tu as combien de semaines de vacances? e They are in the countryside.
6 C'est ennuyeux.   f How many weeks of holiday do you have?

2 Read these entries on a webpage and then tick the correct boxes.

Marion Je suis chez mes grands-parents, à la campagne en Écosse. C'est intéressant.

Lucas Je suis en colo de vacances en Espagne. C'est marrant.

Aléa Mon demi-frère et moi, nous sommes en vacances à la montagne en Suisse, mais il fait trop froid. C'est nul.

Yann Moi, je suis au Maroc, au bord de la mer avec ma famille. Je n'aime pas nager, c'est un peu ennuyeux.

	🔥	⛰	🪣	🌳	🙂	🙁
Marion				✓	✓	
Aléa						
Lucas						
Yann						

3 Look at the prompts and complete each sentence in French.

1 Je suis _en colo_ .   4   C' ....

2 Je suis ....   5 Je ....

3 Je suis ....

Feeling confident?

1 Tu as passé de bonnes vacances?
(pages 10–11)

Cahier Rouge
Module 1

1 Read Monique's email about a recent holiday and underline the eight verbs in the perfect tense. One has been done for you.

J'ai passé mes vacances au bord de la mer. J'ai joué au volley sur la plage avec mes frères et nous avons nagé dans la mer. Mes parents ont retrouvé des amis au centre commercial où ma sœur a acheté des cadeaux. Un jour on a regardé un dessin animé au ciné et, plus tard, on a mangé dans un restaurant chic. Le dernier jour ma sœur et moi avons écouté de la musique à un concert.

Remember, *on* can be used to mean 'we'. It takes the same form of the verb as *il* and *elle*.

où — where

2 Read the email in exercise 1 again and then decide which four sentences below are true (T) and which four are false (F).

1. Monique spent her holidays at the seaside.
2. She played volleyball with her sisters.
3. Her sister went swimming.
4. Her parents bought presents at the shopping centre.
5. They watched a cartoon at the cinema.
6. They had a meal in a smart restaurant.
7. Monique went to the swimming pool with her brothers.
8. On the last day Monique and her sister went to a concert.

3 Read the passage and fill in the gaps with the correct past participles. Use the infinitives of the verbs in the box to help you, e.g.

retrouver → retrouvé.

La première semaine des vacances, j'ai ❶ ..retrouvé........ mes copains à une fête. J'ai ❷ .... beaucoup d'activités. Nous avons ❸ .... nos chansons préférées. Ma copine Sophie a ❹ .... des gâteaux et nous avons ❺ .... des pizzas délicieuses. Tout le monde a ❻ .... des cadeaux. Nous avons ❼ .... des clips vidéo et nous avons ❽ .... sur la musique.

manger
retrouver
chanter
regarder
organiser
acheter
danser
préparer

Feeling confident?

2 Qu'est-ce que tu as fait?
(pages 12–13)

Cahier Rouge — Module 1

1 Read Kassem's account and then fill in the gaps in the sentences with words from the box. Take care as there are more words than gaps!

> Samedi dernier j'ai passé la journée avec mon père, ma sœur et mon frère au parc d'attractions de Mostaganem en Algérie. D'abord nous avons pris un repas dans le restaurant. Moi, j'ai mangé une pizza et c'était délicieux, mais les autres ont pris du poisson. Ensuite nous avons fait les manèges et après j'ai vu beaucoup d'animaux dans le zoo. J'ai préféré les tigres. Puis mon père a bu un café, mais nous avons mangé des glaces. Mon frère a pris un selfie devant le parc aquatique. Enfin, nous avons regardé un film sur le monde sous-marin et c'était très intéressant.

passer la journée — to spend the day

> avons   bu   ~~fait~~   a   visité   passé   était
> vu   pris   intéressant

The verb prendre can have other meanings. It often means 'to have'.

a   Tout le monde a ...fait... les manèges.
b   Le père de Kassem a .... un café.
c   Samedi dernier, j'ai .... le parc d'attractions de Mostaganem.
d   Le film était ....
e   Nous .... mangé dans un restaurant.
f   La pizza .... délicieuse.
g   Kassem a .... des animaux.
h   Le frère de Kassem a .... une photo devant le parc aquatique.

2 Now write the letter of each sentence in the correct order to retell the story.

1 ..c..   2 ....   3 ....   4 ....   5 ....   6 ....   7 ....   8 ....

3 Translate the sentences into English. Use the text to help.

Make sure you use the correct tense in your translation. Are the sentences about the present or past, e.g. 'visit' or 'visited'?

1   Kassem a visité le parc d'attractions avec sa famille. ....
....
2   Ils ont fait tous les manèges. ....
3   Kassem a vu des animaux. ....
4   Ils ont mangé des glaces. ....
5   Le film n'était pas ennuyeux. ....

Feeling confident?

3 Tu es allé(e) où?
(pages 14–15)

Cahier Rouge — Module 1

1 Read these entries on a forum about holidays and then answer the questions.

 AnnieGlo: Je suis allée en vacances avec ma tante. Nous sommes allées en Tunisie en avion et c'était marrant.

 PedroB: Moi, je suis allé au Portugal avec mes copains. Nous avons voyagé en train et en bus. C'était fatigant.

 Lucie19: Je suis allee en vacances en Suisse avec mes parents. Nous avons pris la voiture et le voyage etait long.

 Samuel17: Moi je suis allé au Maroc en bateau avec ma famille. On est partis le 5 juillet et on est rentrés le 12.

 PaulineP: Je suis allée en vacances en Belgique avec mes grands-parents. Nous avons voyagé en car.

 Léa23: Ma sœur et moi sommes allées en Écosse en avion. C'était fantastique.

Who …

1 went on holiday with their grandparents? ……………………………………………………
2 went on holiday with their aunt? ……………………………………………………
3 travelled by car? ……………………………………………………
4 went on holiday to Scotland? ……………………………………………………
5 used two forms of transport? ……………………………………………………
6 went on holiday for a week? ……………………………………………………

2 Complete the text about a recent holiday using the pictures in suitcase a to help you. Then write your own text based on the pictures in suitcase b.

a Je suis allé en vacances *avec mes amis* …………………………………… .
Nous sommes allés …………………………………………… . Nous
avons voyagé ……………………………………… et c'était génial!

b ……………………………………………………………………………………
……………………………………………………………………………………
……………………………………………………………………………………
……………………………………………………………………………………

Some verbs use *être* (not *avoir*) to form the perfect tense. The **past participle** of these verbs must <u>agree</u> with the subject. Add an extra *–e* if the subject is **feminine** and *–s* if the subject is **plural**.	**aller** (to go) *je suis allé(e)* I went *nous sommes allé(e)s* we went

Feeling confident?

Quel désastre!
(pages 16–17)

Cahier Rouge Module 1

1 Draw lines to separate the words in each sentence. Write the sentences out in full below.

1 Je/ne/suis/pas/allé/au/parc/d'attractions.
2 Jen'aipasjouéenligneàl'hôtel.
3 Nousn'avonspasvisitélechâteau.
4 Monfrèren'apasnagédanslapiscine.

1 Je ne suis pas allé au parc d'attractions.
2 ....
3 ....
4 ....

2 Complete Carole's account of her trip to Paris using words from the box.

Le mois dernier, je ❶ _suis allée_ à Paris avec mes copains.
On ❷ .... trois jours à Paris. Nous
❸ .... l'Arc de Triomphe et la tour Eiffel et nous
❹ .... au musée du Louvre. Malheureusement je
❺ .... de souvenirs parce que j' ❻ ....
mon porte-monnaie. Ma copine Alice ❼ .... de
photos parce qu'elle ❽ .... son portable.

> a oublié
> n'a pas pris
> avons visité
> ai perdu
> ~~suis allée~~
> n'ai pas acheté
> est restés
> sommes allés

3 On a separate sheet of paper, write a paragraph in French to say what you did or did not do on holiday, choosing reasons from the box.

- Use *parce que* ('because') to give reasons.
- Use *et* ('and') and *mais* ('but') to link your sentences.

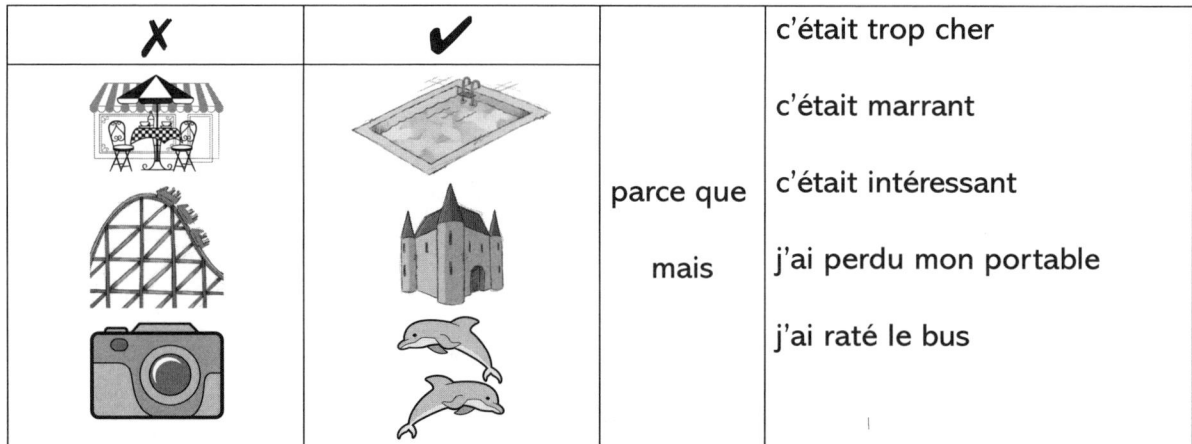

✗	✓		
		parce que mais	c'était trop cher c'était marrant c'était intéressant j'ai perdu mon portable j'ai raté le bus

Je n'ai pas mangé au restaurant parce que c'était trop cher.

Feeling confident?

Mon voyage extraordinaire!
(pages 18–19)

Cahier Rouge
Module 1

1 Unjumble the questions.

1 vacances les Qu'est-ce que normalement pendant fais tu ?

....

2 mangé tu que Qu'est-ce as ?

....

3 as Qu'est-ce fait que dernière l'année tu ?

....

4 comment voyagé Tu as ?

....

5 ensuite as que Qu'est-ce tu fait ?

....

2 Read the online forum and answer the questions.

Camille: Normalement, je vais en vacances au Canada mais l'année dernière, je suis allée au Maroc. On a voyagé en avion parce c'est rapide, mais normalement, on voyage en bateau. C'est un peu ennuyeux.

Thomas: Moi, je suis allé au bord de la mer avec mes copains. Nous sommes allés au bord de la mer en car parce que ce n'est pas cher. Normalement, je nage dans la mer mais l'année dernière, j'ai fait de la voile. J'ai mangé des fruits de mer – miam-miam!

Simon: Normalement, je passe mes vacances au Maroc chez mes grands-parents mais l'année dernière, je suis allé en Tunisie avec mes parents. J'ai visité le marché et on a mangé au restaurant. C'était vraiment génial!

1 Last year Camille went on holiday to *France / Canada / Morocco*.
2 They normally go on holiday by *plane / boat / car*.
3 Last year Thomas went *swimming / diving / sailing*.
4 He thought the seafood was *delicious / horrible / not bad*.
5 Last year Simon went on holiday with his *grandparents / friends / parents*.
6 When he was in Tunisia he *rode camels / went to the market / lost his phone*.

3 On a separate sheet, write a paragraph about where you normally go on holiday and where you went last year. Mention what you did, how you travelled, what you ate and what the holiday was like. Use the texts in exercise 2 to help you.

Feeling confident?

Révisions
(page 21)

Cahier Rouge — Module 1

1 Find six examples of the following categories in the grid. Underline the examples of each category in a different colour.

Ready

- regular verbs with *avoir* in the perfect tense
- irregular verbs with *avoir* in the perfect tense
- verbs with *être* in the perfect tense
- means of transport
- positive opinions
- negative opinions

Remember that *pas* before a word means 'not'.

j'ai nagé	elle a fait	en car	nous avons vu	elle a mangé	ils ont retrouvé
en avion	j'ai écouté	intéressant	elles sont retournées	inoubliable	il est resté
ils sont allés	tu as bu	en voiture	pas amusant	en bus	sympa
marrant	trop cher	il a joué	fantastique	génial	elles ont fait
je suis arrivé	elle est tombée	ennuyeux	j'ai pris	en bateau	sale
nul	nous avons pris	nous avons acheté	pas intéressant	en train	ils sont entrés

2 Draw lines to match up the sentence halves.

Get set

1 J'ai   achetons des souvenirs.
2 Nous   ont mangé des glaces.
3 Les filles   ne regardes pas de films à la télé.
4 Mon frère   est allée en Grèce.
5 Ma mère   écouté de la musique.
6 Tu   va en vacances au Canada.

Some of the sentences are in the present tense and some are in the perfect tense. Look carefully at the verb endings to help you match the correct sentence endings to the starters.

3 Translate the sentences into French.

Go!

1 Last year I went to Spain with my family. ....

....

2 We travelled by plane. ....

3 I took some photos. ....

4 We didn't visit a theme park. ....

5 It was really great. ....

Remember that verbs in the perfect tense always have two parts: the auxiliary verb (part of *avoir* or *être*) followed by the past participle.

Feeling confident?

En focus
(pages 22–23)

Cahier Rouge
Module 1

1 Read this email from Lola about her holidays.

a Highlight <u>four</u> things she normally does on holiday (present tense).

b Underline <u>six</u> things she did on holiday last year (perfect tense).

> Normalement on a deux semaines de vacances au bord de la mer en Espagne. Je fais de la voile, je nage et je passe des heures à la plage. L'année dernière ma mère a gagné un concours et nous sommes allés en Australie en avion. Le premier jour j'ai vu des dauphins et j'ai mangé des fruits de mer délicieux. Normalement en vacances, on mange dans l'appartement, mais en Australie on a mangé au restaurant. Je n'ai pas acheté de souvenirs, mais j'ai vu un spectacle très marrant. Le dernier jour je suis allée à la campagne où j'ai vu des animaux sauvages comme des kangourous et des koalas. C'était vraiment génial!

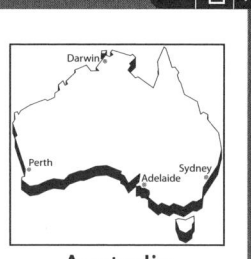
Australie

Think carefully about which tenses you expect to see used:
- present tense for what Lola normally does
- perfect tense for what she did in the past.

2 Read Lola's email again and circle the correct option to complete each sentence.

1 On holiday Lola usually **goes to France / goes to the seaside / travels by plane**.

2 Last year she **went to Spain / went swimming / did not visit Australia / travelled by plane**.

3 On the first day she **saw kangaroos / bought souvenirs / tried seafood / disliked the food**.

4 During her holiday she did <u>not</u> **watch a show / see dolphins / buy souvenirs**.

5 On the last day she **saw some wild animals / stayed on the beach / was sad / went to the mountains**.

3 On a separate sheet of paper, write an email to a French friend about a past holiday. Include the following information:
- where you went on holiday last year
- how you travelled
- an activity you did
- something that you did not do
- what you thought of the holiday.

Try to add reason(s) for your opinion(s). Can you add a reason to your opinion using *parce que*?

Feeling confident?

Grammaire 1
(page 26)

- The perfect tense of regular verbs
- The perfect tense of irregular verbs

Cahier Rouge — Module 1

1 Write the correct forms of the perfect tense using *avoir* and the past participle of the regular –er, –ir or –re verb in brackets.

1 je (danser) *j'ai dansé*
2 elle (choisir) ....
3 tu (manger) ....
4 vous (acheter) ....
5 on (finir) ....
6 elles (perdre) ....
7 il (nager) ....
8 nous (voyager) ....

> Use part of *avoir* ...
>
> j'ai   nous **avons**
> tu **as**   vous **avez**
> il/elle **a** ils/elles **ont**
> on **a**
>
> and a past participle ...
>
> –er verbs   danser → dansé
> –ir verbs   finir → fini
> –re verbs   perdre → perdu
>
> To form the perfect tense of most regular verbs, you need:
> 1 part of the verb *avoir* (*j'ai, tu as, il/elle/on a, nous avons, vous avez, ils/elles ont*)
> 2 a **past participle** (e.g. *joué, fini, perdu*).
>
> To form the past participle of an –er verb, take off the –er and add –é. For –ir verbs, take off the –ir and add –i. For –re verbs, take off the –re and add –u.

2 Complete the sentences with the correct past participle. Choose from the past participles below.

| bu   fait   vu   pris |

1 Elle a *pris* .... beaucoup de photos.
2 Nous avons .... un coca.
3 Ils ont .... un spectacle.
4 On a .... de la voile.
5 Tu as .... des dauphins.

3 Translate the sentences from exercise 2 into English.

1 ....
2 ....
3 ....
4 ....
5 ....

Feeling confident?

Grammaire 2
(page 27)

- The perfect tense of verbs that take être
- Using the negative with verbs in the perfect tense

Cahier Rouge — Module 1

1 Complete the sentences using the correct form of the perfect tense of the verb in brackets. All the verbs take *être* so add the correct agreement to the past participle where appropriate.

1. L'année dernière, ma mère (aller) .... en vacances en Belgique.
2. Mes parents (arriver) .... aux États-Unis hier.
3. Il (rentrer) .... à la maison à huit heures.
4. Cet après-midi mes frères (rester) .... chez nous.
5. Elle (partir) .... ce matin à sept heures.
6. Mon frère et moi (aller) .... en ville.
7. Je (tomber) .... à la patinoire.

> **G**
> *aller* (to go)
> je suis **allé(e)**
> tu es **allé(e)**
> il est **allé**/elle est **allée**
> on est **allé(e)s**
> nous sommes **allé(e)s**
> vous êtes **allé(e)(s)**
> ils sont **allés**/elles sont **allées**

2 Rewrite the sentences, making them negative.

1. J'ai voyagé en bateau.
   Je n'ai pas voyagé en bateau.
2. Elles sont allées en Angleterre.
   ....
3. Nous avons fait les manèges.
   ....
4. Ils ont joué en ligne.
   ....
5. Tu as nagé dans la mer.
   ....
6. Elle est arrivée à huit heures.
   ....

> **G** Remember that to make a perfect tense negative, put *ne ... pas* around the part of *avoir* or *être*. *Ne* changes to *n'* before a vowel.
> *J'ai visité les monuments.* → *Je **n'ai pas** visité les monuments.*

Feeling confident?

Vocabulaire

Cahier Rouge
Module 1

Point de départ

J'habite …	I live …	au bord de la mer.	at the seaside.
en Angleterre / Écosse / Irlande (du Nord).	in England / Scotland / (Northern) Ireland.	à la montagne.	in the mountains.
		à la campagne.	in the countryside.
au pays de Galles.	in Wales.	en colo (en colonie de vacances).	at a holiday camp.
J'ai / On a …	I have / We have …	chez mes grands-parents.	at my grandparents' home.
une semaine / deux semaines de vacances	a week / two weeks of holiday	C'est …	It is …
		assez	quite
en janvier / février (etc.).	in January / February (etc.)	très	very
		trop	too
à Noël / à Pâques.	at Christmas / Easter.	un peu	a bit
		complètement	completely
Je suis / Nous sommes en vacances …	I am / We are on holiday …	nul / sympa	rubbish / nice
		ennuyeux / intéressant	boring / interesting
		triste / marrant	sad / funny

Unité 1 – Tu as passé de bonnes vacances?

Pendant les vacances …	During the holidays …	j'ai acheté des baskets.	I bought some trainers.
j'ai joué au tennis.	I played tennis.		
j'ai mangé des glaces.	I ate ice creams.	j'ai regardé des clips vidéo.	I watched video clips.
j'ai retrouvé mes amis.	I met up with my friends.	j'ai nagé dans la mer.	I swam in the sea.
j'ai écouté de la musique.	I listened to music.	j'ai traîné à la maison.	I hung around the house.

Unité 2 – Qu'est-ce que tu as fait?

Qu'est-ce que tu as fait pendant les vacances?	What did you do during the holidays?	J'ai fait tous les manèges.	I went on all the rides.
		d'abord	first of all
J'ai visité un parc d'attractions.	I visited a theme park.	ensuite / puis	then
		après	after(wards)
J'ai bu un coca au café.	I drank a cola in the café.	finalement	finally
		C'était …	It was …
J'ai pris beaucoup de photos.	I took lots of photos.	fantastique / génial / super!	fantastic / great / brilliant!
J'ai vu un spectacle.	I saw a show.	amusant / marrant / sympa.	fun / funny / nice.
J'ai fait une balade en bateau.	I went on a boat ride.	intéressant / ennuyeux / nul.	interesting / boring / rubbish.
J'ai vu mes personnages préférés.	I saw my favourite characters.	Ce n'était pas mal.	It wasn't bad.

Feeling confident?

Vocabulaire

Cahier Rouge — Module 1

Unité 3 – Tu es allé(e) où?

Tu es allé(e) où en vacances?	Where did you go on holiday?	en Espagne / France / Grèce.	to Spain / France / Greece.
Tu es allé(e) en vacances avec qui?	Who did you go on holiday with?	au Maroc / aux États-Unis.	to Morocco / to the USA.
Je suis allé(e) en vacances avec …	I went on holiday with …	Tu as voyagé comment?	How did you travel?
ma famille /	my family /	J'ai voyagé …	I travelled …
mes parents /	my parents /	On a / Nous avons voyagé …	We travelled …
mes copains.	my friends.	en avion / en bateau.	by plane / by boat.
On est allé(e)s / Nous sommes allé(e)s …	We went …	en bus / en car.	by bus / by coach.
		en train / en voiture.	by train / by car.

Unité 4 – Quel désastre!

J'ai oublié mon passeport.	I forgot my passport.	On a raté l'avion.	We missed the plane.
J'ai cassé mon portable.	I broke my phone.	On est arrivés en retard.	We arrived late.
J'ai perdu mon porte-monnaie.	I lost my purse.	Je n'ai pas acheté de souvenirs.	I didn't buy any souvenirs.
J'ai choisi le poisson.	I chose the fish.	Je n'ai pas pris de photos.	I didn't take any photos.
J'ai beaucoup vomi.	I vomited a lot.	Je ne suis pas sorti(e).	I didn't go out.
Je suis tombé(e) sur la plage.	I fell over on the beach.	Quel désastre!	What a disaster!
Je suis resté(e) au lit.	I stayed in bed.	Quelle horreur!	How horrible!

Unité 5 – Mon voyage extraordinaire!

Normalement, pendant les vacances …	Normally, during the holidays …	Mais l'année dernière, …	But last year, …
je vais en colo, à la campagne.	I go to a holiday camp, in the countryside.	j'ai gagné un concours.	I won a competition.
		je suis allé(e) à Vanuatu.	I went to Vanuatu.
je voyage en car.	I travel by coach.	j'ai voyagé en avion.	I travelled by plane.
je nage dans la piscine.	I swim in the pool.	j'ai nagé dans la mer.	I swam in the sea.
je fais du sport.	I do sport.	j'ai fait de la voile.	I went sailing.
		j'ai vu des dauphins.	I saw dolphins.
je mange des hamburger-frites.	I eat burgers and chips.	j'ai mangé des fruits de mer.	I ate seafood.
C'est un peu ennuyeux.	It's a bit boring.	C'était vraiment génial!	It was really great!

Feeling confident?   ◯

Point de départ
(pages 32–33)

Cahier Rouge
Module 2

1 Rewrite the dates from the sentences, correcting the mistakes.

1  2  3  4  5

1 Diwali, c'est le vingt-trois octobre. ......*c'est le vingt-quatre octobre*......

2 La Saint-Valentin, c'est le quinze février. ....

3 Le jour de l'An, c'est le deux janvier. ....

4 Pâques, c'est le seize avril. ....

5 La fête nationale, c'est le quatorze juin. ....

2 Read the comments and answer the questions.

 Je n'aime pas tellement Halloween parce que c'est ennuyeux. **Yannick**

 J'aime beaucoup Noël parce que j'aime rendre visite à mes grands-parents. **Pauline**

 Je déteste Pâques parce que je n'aime pas manger des œufs en chocolat. **Sophie**

 J'adore l'Aïd parce que c'est marrant. **Mamadou**

1 What does Yannick think about Halloween? ....

2 Why does Sophie hate Easter? ....

3 Why does Pauline love Christmas? ....

4 Why does Mamadou love Eid? ....

3 On a separate sheet of paper, write an email to a French friend. Answer the questions using your own ideas, or the texts in exercise 2 to help you.

- Quelle est ta fête préférée?
- Pourquoi est-ce que tu aimes cette fête?
- Quand est ta fête préférée?
- Quelle fête est-ce que tu n'aimes pas? Pourquoi?

Remember that you can use verbs of liking and disliking with both a noun and an infinitive: *J'adore Noël* parce que *j'aime choisir* des cadeaux.

Feeling confident?

Quelle est ta fête préférée?
(pages 34–35)

Cahier Rouge — Module 2

1 Draw lines to match up the sentence halves.

1	Nous choisissons	finis mes devoirs le matin.
2	J'entends	retrouvons nos copains en ville.
3	Je	des vêtements cool.
4	Ils	la musique dans la rue.
5	On	attendent la fête avec impatience.
6	Nous rendons	regarde la parade.
7	Nous	visite à nos cousins.

2 Read Janine's email about a Belgian festival, then decide whether the statements are true or false.

Je m'appelle Janine, j'ai treize ans et j'habite à Binche en Belgique depuis deux ans. Chaque année en février j'attends le carnaval avec impatience parce que c'est très marrant, surtout quand je passe du temps avec mes amis. Le matin, je choisis des vêtements rouges et blancs et je regarde la grande parade dans les rues. Les participants portent des masques et on danse et on chante. Le soir, il y a une fête en ville et on mange beaucoup de crêpes dans les restaurants et les cafés. Je retrouve tous mes copains et nous écoutons la musique ensemble. Nous finissons à deux heures, c'est vraiment génial. Tu as des fêtes dans ta région?

		true	false
1	Janine lives in Belgium.	✔	
2	There is a carnival every two years.		
3	Janine wears black clothes.		
4	There is a big parade in the streets.		
5	There is music in the evening.		
6	The music goes on for two hours.		

3 On a separate sheet of paper, translate the sentences into French.

1 Every year I look forward to Christmas.
2 In the morning I choose my clothes.
3 We eat at one o'clock.
4 In the afternoon we visit my grandparents.
5 In the evening I watch TV and listen to music.

> Remember that you can use verbs of liking and disliking with both a noun and an infinitive:
> *J'adore Noël* parce que *j'aime choisir* des cadeaux.

Feeling confident?

2 Et avec ça?
(pages 36–37)

Cahier Rouge — Module 2

1 Read the speech bubbles. Which food items does each person want or buy? Complete the grid.

> J'ai acheté deux tranches de jambon et une banane. **Sarah**

> J'ai acheté un demi-kilo de haricots verts et un morceau de fromage. **Manon**

> Je voudrais acheter un kilo de pommes et un chou-fleur. **Loïs**

> Je veux du poisson, des citrons et quatre tranches de jambon. **Hugo**

> Je voudrais acheter cinq choux-fleurs parce que je voudrais préparer de la soupe. **Rui**

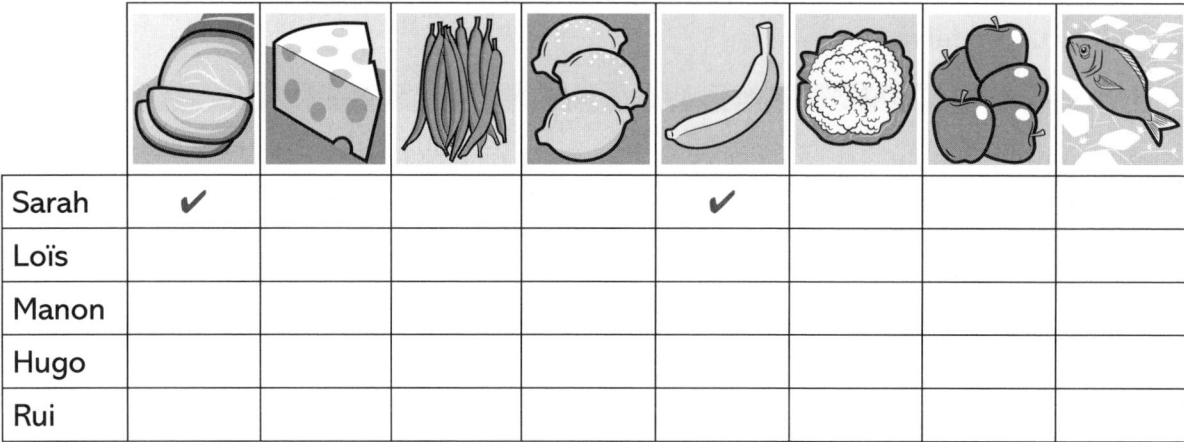

Sarah	✔				✔			
Loïs								
Manon								
Hugo								
Rui								

2 Complete the text with the words from the box.

En ville je .... des artichauts, un .... de tomates et quatre tranches .... jambon. J'ai déjà .... des .... et .... bananes parce que j'aime .... les fruits. Ma mère .... des pommes de terre et elle .... aussi six ....

| veut | veux | de | kilo | des | acheté | pommes | beaucoup | choux-fleurs | voudrait |

3 On a separate sheet of paper, translate the text from exercise 2 into English.

Feeling confident?

3 Miam-miam, c'est bon!
(pages 38–39)

Cahier Rouge
Module 2

1 Circle the correct word for 'some' (*du*/*de la*/*de l'*/*des*) in each sentence.

1. J'ai acheté *du* / *de la* / (*des*) crêpes (f).
2. J'ai fait *du* / *de la* / *de l'* bouillabaisse (f).
3. Elle a mangé *du* / *des* / *de la* fromage (m).
4. Il veut *du* / *de l'* / *des* eau minérale (f).
5. On achète *du* / *de la* / *des* carottes (f).
6. Je veux *du* / *de l'* / *de la* crème fraîche (f).
7. Nous achetons *du* / *de l'* / *de la* thon (m).

Remember to use *du* in front of a masculine word, *de la* before a feminine word, *de l'* before a word starting with a vowel and *des* for plural words.

2 Read Océane's email and answer the questions in French.

> Pour fêter mon anniversaire, nous sommes allés à un restaurant à Strasbourg dans l'est de la France. J'ai mangé une quiche lorraine, une spécialité de la région, avec des pommes de terre et des haricots verts. C'était délicieux.
>
> Ma mère a choisi une salade niçoise avec des œufs, du thon et des olives mais c'était très salé. Ma petite sœur, Alice, a choisi les moules-frites et mon frère, qui s'appelle Yann, a mangé du couscous aux légumes.
>
> Comme dessert ma sœur et moi avons choisi une crêpe au chocolat. Yann a mangé des fraises avec de la crème mais ma mère n'a pas pris de dessert. Yann, Alice et moi avons bu un jus de pomme, mais ma mère a choisi un café.

1. C'était quelle fête? *l'anniversaire d'Océane*
2. Où est-ce que la famille d'Océane a mangé? ....
3. Océane a mangé quelle spécialité? ....
4. La salade niçoise, c'était comment? ....
5. Qui a mangé des fraises? ....
6. Océane a choisi quelle boisson? ....

3 Write a text like Océane's, describing your own birthday meal.

Je suis allé(e) … ....

J'ai choisi … ....

J'ai bu … ....

C'était … ....

Feeling confident?

 Tu vas faire un voyage scolaire?
(pages 40–41)

Cahier Rouge
Module 2

1 Draw lines to match the questions to the answers.

1 Qu'est-ce que tu vas acheter?   a Non, je vais regarder un carnaval.
2 Qu'est-ce que tu vas visiter?   b Je vais acheter des souvenirs.
3 Comment est-ce que tu vas voyager?   c Je vais aller à Lyon en juillet.
4 Est-ce que tu vas écouter des chorales? d Je vais voyager en car.
5 Qu'est-ce que tu vas manger?   e Je vais visiter la ville de Granville.
6 Où est-ce que tu vas aller en vacances? f Je vais goûter une tarte flambée.

2 Read Moussa's email about a school trip and complete the English text.

En avril, avec mon école, je vais aller à Biarritz dans le sud-ouest de la France. Nous allons voyager en car et je vais écouter ma musique en route.
Nous allons passer une semaine à Biarritz dans un petit hôtel près du centre-ville. Je vais acheter des cadeaux pour mes copains et ma famille et je vais aussi acheter des souvenirs.
Je vais goûter de la soupe à l'ail, une spécialité de la région. Nous allons visiter un marché où je vais acheter du fromage de la région et nous allons aussi nager dans la mer. J'attends la visite avec impatience parce que ça va être marrant.

passer to spend

Moussa is going to Biarritz in the month of ❶ .... He is going with ❷ .... They are going to travel by ❸ .... On the way he is going to ❹ .... They are going to spend ❺ .... in Biarritz. He is going to buy ❻ .... A speciality of the area is ❼ .... As well as going swimming, they are going to ❽ ....

3 You are going on a school trip to a Christmas market in Amiens in France. On a separate sheet of paper, write an account of what you are going to do.

- Où est-ce que tu vas aller, quand et avec qui?
- Tu vas voyager comment?
- Qu'est-ce que tu vas faire?
- Qu'est-ce que tu vas acheter?
- Qu'est-ce que tu vas manger et boire?

Use *on* and *nous* in the near future tense as well as *je*.

Feeling confident?

5 Bonne année!
(pages 42–43)

Cahier Rouge
Module 2

1 Read the sentences and decide if they refer to the present (P) or the future (F).

1 Je ne fais pas de sport. [P]
2 Je vais être plus patient. [ ]
3 Je vais au collège en voiture. [ ]
4 Je finis mes devoirs le matin. [ ]
5 Je vais aider mes parents. [ ]
6 Je joue beaucoup sur mon portable. [ ]
7 Je vais aller à l'école à pied. [ ]
8 Je vais jouer au tennis. [ ]

2 On a separate sheet of paper, translate the 8 sentences from exercise 1 into English.

3 Read Louise's plans for the New Year in Paris. Circle the correct answers.

Pour fêter le Nouvel An, je vais aller à Paris avec mes parents et mes deux frères, Alex et Jamal. Nous allons passer trois nuits dans un grand hôtel et j'attends la visite avec impatience.
Nous allons regarder le feu d'artifice dans la rue et nous allons manger des frites. Je ne vais pas manger de pizza mais je vais boire du chocolat chaud. Ça va être délicieux.
Le jour de l'An, je vais faire la grasse matinée parce que je vais être fatiguée. Le 2 janvier, on va prendre beaucoup de photos avec mon portable et comme bonne résolution, je vais être plus sympa avec mon petit frère!

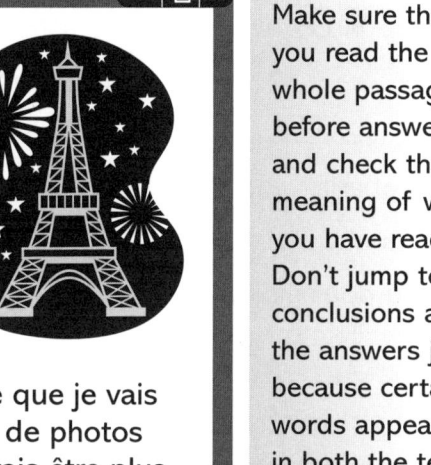

Make sure that you read the whole passage before answering and check the meaning of what you have read. Don't jump to conclusions about the answers just because certain words appear in both the text and the English sentences.

1 Louise is going to be in Paris **at Christmas / for three nights / with her school**.
2 She is going to watch **TV / a film / the fireworks**.
3 She is going to eat **chips / chocolate / pizza**.
4 She is going to drink **coffee / cola / hot chocolate**.
5 On New Year's Day, she is going to **take lots of photos / have a lie-in / help her parents**.
6 Her New Year's resolution is to **use her mobile less frequently / take more photos / be kinder to her younger brother**.

Feeling confident?

Révisions
(page 45)

Cahier Rouge
Module 2

1 What do you do on these celebrations? Draw lines to match the days with the activities.

1 Noël   a Je mange des œufs en chocolat.
2 Pâques   b Je danse et chante jusqu'à minuit.
3 le Nouvel An   c Je choisis des cadeaux pour ma famille.
4 mon anniversaire   d J'écoute la musique dans la rue.
5 le carnaval   e Je fais une soirée pyjama avec mes copains.

2 Complete the text with the correct verb forms from the box.

Le samedi, je _rends_ .... visite à mes grands-parents. Nous .... la télé et après, nous .... mes parents au parc. J'........................ toujours la visite avec impatience parce que j'........................ beaucoup mes grands-parents et qu'ils .... toujours un petit cadeau pour moi. Le soir, on .... un repas ensemble et on .... à sept heures.

> There is a mixture of –er, –ir and –re verbs here. Look carefully at the subject of the verb and the endings to make sure you choose the correct verb form.

finit   regardons   choisissent   ~~rends~~   attends   mange   retrouvons   aime

3 You receive this message from a French friend. Translate it into English.

Normalement, je passe le Nouvel An avec mes parents. On mange beaucoup et on danse jusqu'à minuit. Mais l'année prochaine, je vais aller chez ma tante en Guadeloupe. Je vais acheter des légumes exotiques au marché et nous allons nager dans la mer.

....
....
....
....

Feeling confident?

En focus
(pages 46–47)

Cahier Rouge
Module 2

1 Read the posts about festivals, carnivals and special occasions. Decide which English statement relates to which person.

 J'adore aller au festival de musique à Lyon en octobre. **Lucas**

 Moi, j'aime bien aller au festival de Nice. J'adore le défilé. **Sami**

 Tous les ans je vais au marché de Noël à Arras. **Janine**

 Je vais souvent à La Réunion pour fêter le Nouvel An. **Marcel**

 Moi, j'aime le 14 juillet parce que j'adore le feu d'artifice le soir. **Thierry**

 En août, je vais au festival du ciné à Orange. **Sadio**

1 I like going to a music festival. *Lucas*
2 I like watching a firework display. ....
3 I often go to an island to celebrate New Year. ....
4 I like the procession at the festival. ....
5 I go to a summer film festival. ....
6 I go to a market every year. ....

2 Write an email to a French friend about celebrations, answering the questions below. Try to write about 30–40 words in French.

- Quelle est ta fête préférée?
- Pourquoi?
- Qu'est-ce que tu vas faire pour fêter ton anniversaire l'année prochaine?
- Quelles sont tes résolutions pour le Nouvel An?

....
....
....
....
....
....
....

Feeling confident?

Grammaire 1
(page 50)

- The partitive article
- Regular –ir and –re verbs (present tense)

Cahier Rouge — Module 2

1 Complete the sentences by filling in the correct forms of the partitive article (*du*, *de la*, *de l'* or *des*).

1 Au marché j'ai acheté ...*des*... carottes (*pl*), ... ail (*m*), ... fromage (*m*) et .... olives (*pl*).

2 Je vais acheter .... crème (*f*), ... poisson (*m*), ... eau minérale (*f*) et .... escargots (*pl*).

3 Ma mère veut .... pommes de terres (*pl*), ... thon (*m*), ... pâte (*f*) et .... tomates (*pl*).

4 Je voudrais acheter .... lait (*m*), ... œufs (*pl*), ... jambon (*m*) et .... beurre (*m*).

masculine	du fromage
feminine	de la pâte
vowel or h	de l'ail
plural	des olives

2 Conjugate each verb correctly in the present tense.

1 je (applaudir) *j'applaudis*
2 elle (finir) ....
3 nous (attendre) ....
4 elles (manger) ....
5 ils (perdre) ....
6 tu (regarder) ....
7 on (répondre) ....
8 vous (habiter) ....
9 je (choisir) ....
10 il (écouter) ....

–ir verbs e.g. *choisir* (to choose)	–re verbs e.g. *répondre* (to answer)
je chois**is**	je répond**s**
tu chois**is**	tu répond**s**
il/elle/on chois**it**	il/elle/on répond
nous chois**issons**	nous répond**ons**
vous chois**issez**	vous répond**ez**
ils/elles chois**issent**	ils/elles répond**ent**

3 Now put each verb from exercise 2 into a sentence in French.

J'applaudis au concert.

....

....

....

Feeling confident?

Grammaire 2
(page 51)

- The near future tense
- Questions in the near future tense

Cahier Rouge
Module 2

1 Divide the wordsnake into five sentences in the near future tense. Then translate them into English.

Je vais visiter les marchés de Noël / Nous allons admirer les jolies maisons / Ils vont écouter des chorales / Vous allez boire un jus de pomme chaud / On va goûter du pain d'épices.

1 I am going to visit the Christmas markets.
2 ....
3 ....
4 ....
5 ....

> **G** When you want to talk about what <u>is going to happen</u> in the future, you use a part of the verb *aller* + an **infinitive**:
> *Je **vais manger** une crêpe.*
> I **am going to eat** a pancake.

2 Rewrite the sentences, putting the verb into the near future tense.

1 On achète des pommes. *On va acheter des pommes.*
2 Nous visitons la France en juin. ....
3 Mes copains mangent la spécialité de la région.
   ....
4 Je retrouve mes copains en ville. ....
5 Elle choisit des cadeaux spéciaux pour ses amis.
   ....
6 Qu'est-ce que tu fais à Noël? ....

3 Change these sentences into questions, using the question word in brackets.

1 Tu vas arriver à Paris. (quand)
   ....

2 Ils vont aller en vacances. (où)
   ....

3 Vous allez faire du judo. (pourquoi)
   ....

Feeling confident?

Vocabulaire

Cahier Rouge — Module 2

Point de départ

Noël	Christmas	je n'aime pas du tout …	I really don't like …
Pâques	Easter	Je déteste …	I hate …
le 14 juillet	Bastille Day	manger des œufs en chocolat.	eating chocolate eggs.
le Nouvel An	New Year's Day	danser et chanter.	dancing and singing.
la Toussaint	All Saints' Day		
la Saint-Valentin	Valentine's Day	choisir des cadeaux.	choosing presents.
l'Aïd	Eid	rendre visite à mes cousins.	visiting my cousins.
mon anniversaire	my birthday		
Quelle est ta fête préférée?	What's your favourite festival?	faire une soirée pyjama.	having a sleepover.
		C'est …	It is …
j'adore …	I love …	marrant / ennuyeux.	fun / boring.
j'aime (beaucoup) …	I (really) like …	bête.	silly.
je préfère …	I prefer …	trop militaire.	too militaristic.
je n'aime pas tellement …	I don't particularly like …	trop commercial.	too commericalised.
je n'aime pas …	I don't like …		

Unité 1 – Quelle est ta fête préférée?

je porte un masque	I wear a mask	Ils/Elles sont …	They are …
je retrouve mes copains	I meet my friends	dans la rue. / en ville.	in the street. / in town.
je regarde la parade	I watch the parade		
je finis mes devoirs	I finish my homework	Ils/Elles …	They …
je choisis des vêtements …	I choose … clothes	marchent / applaudissent / dansent / jouent d'un instrument.	are walking / clapping / dancing / playing an instrument.
j'attends la fête avec impatience	I am looking forward to the festival		
je rends visite à …	I visit …		
j'entends la musique	I hear (the) music	Ils/Elles portent des vêtements …	They are wearing … clothes.
les spectateurs	spectators		
chaque année	every year	traditionnels / colorés / bizarres / incroyables	traditional / colourful / strange / amazing
le matin	(in) the morning		
l'après-midi	(in) the afternoon		
le soir	(in) the evening		
une parade / un défilé	a parade	Ils/Elles portent des drapeaux.	They are holding flags.
un groupe de gens / filles / garçons / musiciens / d'enfants	a group of people / girls / boys / musicians / children		

Unité 2 – Et avec ça?

un artichaut	an artichoke	une tomate	a tomato
un chou-fleur	a cauliflower	un œuf	an egg
un citron	a lemon	le poisson	fish
un haricot vert/blanc	a green/white bean	le fromage	cheese
un melon / un oignon	a melon / an onion	le jambon	ham
une banane / une olive	a banana / an olive	la salade	lettuce
une pomme	an apple	100 grammes de …	100 grams of …
une pomme de terre	a potato	un kilo de …	a kilo of …

Feeling confident?

Vocabulaire

Cahier Rouge — Module 2

un demi-kilo de …	half a kilo of …	C'est tout?	Is that all?
une tranche de …	a slice of …	C'est tout, merci.	That's all, thanks.
un morceau de …	a piece of …	Ça fait combien?	How much is that?
Vous désirez?	What would you like?		
Je voudrais …	I would like …	Ça fait … euros.	That's … euros.
Et avec ça?	Anything else?	Bonne journée!	Have a nice day!

Unité 3 – Miam-miam, c'est bon!

une salade niçoise	a tuna and olive salad	la crème fraîche	thick sour cream
une tarte flambée	a pizza-like tart	la semoule	couscous grains / semolina
le couscous aux légumes	vegetable couscous		
les moules-frites	mussels and chips	l'ail	garlic
la quiche lorraine	bacon quiche	un pois chiche	a chickpea
la bouillabaisse	fish stew	une courgette	a courgette
les crêpes Suzette	pancakes with orange sauce	une carotte	a carrot
		C'est un plat typique de …	It's a typical dish of …
le thon / le beurre	tuna / butter	C'est une spécialité de …	It's a speciality of …
le fromage blanc	soft white cheese	C'était …	It was …
le vin blanc	white wine	délicieux. / savoureux.	delicious. / tasty.
la pâte	pastry	léger. / salé. / sucré.	light. / salty. / sweet.

Unité 4 – Tu vas faire un voyage scolaire?

Qu'est-ce que tu vas faire?	What are you going to do?	écouter des chorales	to listen to some choirs
Je vais …	I am going …	goûter du pain d'épices	to try gingerbread
aller en Alsace	to go to Alsace	acheter une boule de Noël	to buy a Christmas bauble
visiter les marchés de Noël	to visit the Christmas markets	manger une tarte flambée / de la choucroute	to eat a pizza-like tart / sauerkraut
choisir des cadeaux	to choose presents	boire un jus de pomme chaud	to drink a hot apple juice
admirer les maisons illuminées	to admire the illuminated houses		

Unité 5 – Bonne année!

Quelles sont tes bonnes résolutions pour l'année prochaine?	What are your new year's resolutions?	aller au marché.	to go to the market.
		aider dans le jardin.	to help in the garden.
Je joue sur mon portable.	I play on my phone.	être patient(e) avec …	to be patient with …
Je finis mes devoirs à la récré.	I finish my homework at break.	faire du sport.	to do sport.
Je n'aide pas mes parents.	I don't help my parents.	laisser mon smartphone dans ma chambre.	to leave my smartphone in my room.
Je fais la grasse matinée.	I have a lie-in.	finir mes devoirs le soir.	to finish my homework in the evening.
Je ne suis pas sympa avec …	I am not kind to …		
Je vais …	I am going …		

Feeling confident?

Point de départ
(pages 56–57)

Cahier Rouge
Module 3

1 Match the sentence halves. Write the correct letter in the box.

1 J'aime regarder les ☐   a télévisés comme *Le Cube*.
2 J'adore les feuilletons parce ☐ b adorent les comédies.
3 Je n'aime pas les jeux ☐   c qu'ils sont divertissants.
4 Mes amis ☐   d de cuisine.
5 Mon père aime les émissions ☐   e infos.

2 Read Alizia's comments on two celebrities and tick the four correct statements.

> Mon actrice préférée s'appelle Élodie Fontan. Elle est actrice de télévision et de cinéma et elle est vraiment belle. À mon avis, elle est modeste et drôle et pas du tout arrogante. Je pense qu'elle n'est jamais sérieuse mais toujours gentille.
> J'aime aussi l'acteur Vincent Cassel parce qu'il n'est pas du tout égoïste. Il est beau, sportif et il aime les arts martiaux. À mon avis, il a beaucoup de talent et il est travailleur. J'aime beaucoup ses films parce qu'ils sont souvent très passionnants et pleins d'action.

1 Élodie n'est pas très jolie. ☐   5 Vincent est généreux. ☐
2 Elle est amusante. ☐   6 Il aime le sport. ☐
3 Elle est très sérieuse. ☐   7 Il est paresseux. ☐
4 Elle est parfois méchante. ☐   8 Ses films sont divertissants. ☐

3 Describe a celebrity you like and your favourite film or TV programme, and say why you like them. Try to include as many adjectives as you can!

Mon acteur / actrice préféré(e), c'est …
Il/Elle est / n'est pas …
J'aime … parce que …
À mon avis …
Je pense que …

Adjectives need to agree with the person or noun they describe.

....
....
....
....
....
....

Feeling confident?

Ma vie numérique
(pages 58–59)

1 Draw lines to match the questions to the answers.

1 Quand est-ce que tu regardes la télé?   a avec mon frère
2 Pourquoi est-ce que tu joues sur ta Xbox?   b tous les jours
3 Avec qui est-ce que tu joues en ligne?   c C'est marrant.
4 Où est-ce que tu regardes la télé?   d Je télécharge des chansons.
5 Qu'est-ce que tu fais en ligne?   e dans ma chambre

2 Read about Rashida's digital life. Circle the correct option to complete each sentence.

D'habitude je télécharge de la musique parce que la musique, c'est ma passion. Mon chanteur préféré, c'est Justin Bieber. De temps en temps je crée des playlists sur mon portable.

Mon frère adore jouer sur sa Xbox mais moi, je pense que c'est ennuyeux. Tous les soirs je regarde la télé sur ma tablette et j'aime bien les émissions de télé-réalité car elles sont réalistes.

Je regarde parfois des films et hier j'ai regardé un bon film qui était très marrant. La semaine prochaine je vais regarder une série policière sur mon ordinateur avec mon père parce qu'il adore les séries policières!

1 She downloads music **very rarely** / **because music means a lot to her** / **because she knows Justin Bieber**.
2 She creates playlists **at home** / **from time to time** / **every day**.
3 She watches TV **on her tablet** / **occasionally** / **with her brother**.
4 Yesterday she watched a **reality TV show** / **documentary** / **comedy film**.
5 She is going to watch a police series **with her mother** / **on her phone** / **next week**.

3 Write about your life online and what you watch on TV. Complete the sentences.

1 D'habitude, ...
2 De temps en temps, ...
3 Le weekend, ...
4 Tous les soirs, ...
5 Hier, ...

Feeling confident?

2 On va au ciné?
(pages 60–61)

Cahier Rouge Module 3

1 Complete the sentences with the words from the box.

- *Bonjour! Je peux vous* ❶ .... ?
- *Je voudrais trois billets pour la* ❷ .... , *s'il vous plaît.*
- *Quelle séance?*
- *La séance de* ❸ .... *heures trente s'il vous plaît.*
- *C'est pour trois adultes?*
- *Non, deux adultes et un* ❹ .... *Ça fait combien?*
- *Ça fait* ❺ .... *euros cinquante, s'il vous plaît.*
- *Voilà. C'est* ❻ .... *salle, s'il vous plaît?*
- *Salle huit.*

| quelle | dix-neuf | aider |
| comédie | trente | enfant |

2 Read the online forum and answer the questions.

 Ce soir à 20h30 je vais voir le nouveau film de science-fiction. **GastonP**

 Ce soir à 19h45 nous allons voir un film de super-héros. J'attends les effets spéciaux avec impatience. **Rupy**

 Cet après-midi je vais au ciné, je vais voir un film romantique avec mes copines. **JennaF**

 Ça fait combien, deux billets enfant pour le film de James Bond? **OliviaD**

Who …

1 is asking for information? ....
2 is looking forward to the special effects? ....
3 is going to watch a new film? ....
4 is going to the cinema with friends? ....

3 Translate the sentences into French.

1 This evening I'm going to go to the cinema with my friends.

....

2 I'm looking forward to the film.

....

3 I'm going to see a romantic film.

....

Feeling confident?

3 Quels sont tes loisirs?
(pages 62–63)

Cahier Rouge
Module 3

1 Read Emmanuel's description of his hobbies. Write in the clouds three more things he <u>does</u> and three more things he <u>doesn't</u> do.

Salut! Je m'appelle Emmanuel et j'habite au Burkina Faso en Afrique. Après l'école je fais de la natation ou je lis. Je n'ai pas d'ordinateur, alors je ne joue pas aux jeux vidéo, et je ne parle jamais avec des amis le soir ou le weekend parce que je n'ai pas de portable.

Le samedi, je regarde souvent un match de foot et de temps en temps je joue au basket, mais je ne fais pas de vélo et je ne vais jamais au ciné.

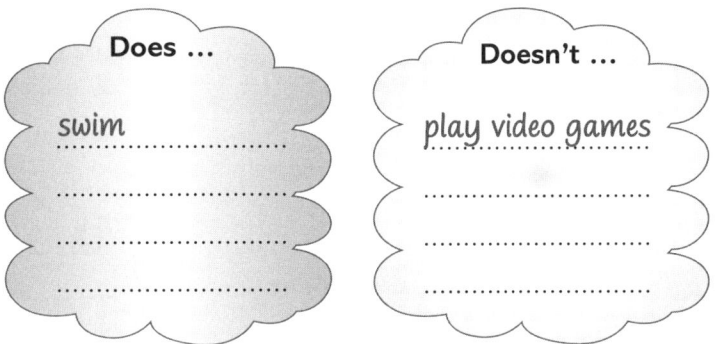

Does ... swim

Doesn't ... play video games

2 Complete the sentences with the correct word for 'my', 'your', 'his' or 'her'.

1 Je joue souvent sur .....*mon*..... portable (m). (*my*)

2 Il a perdu .... tablette (f). (*his*)

3 Je vais au stade avec .... amis (pl). (*my*)

4 Le soir tu joues sur .... ordinateur (m)? (*your*)

5 Dans .... ville (f) il n'y a pas de cinéma. (*my*)

6 Elle aide .... père (m) à la maison. (*her*)

The word for 'my', 'your', 'his' or 'her' changes <u>according to the noun that follows it</u>:

masculine singular	feminine singular	plural
mon	ma	mes
ton	ta	tes
son	sa	ses

3 Look at the photo and write three sentences about it.

Sur la photo, il y a ...

le skateboard skateboard

À gauche ... / À droite ... / Il/Elle joue ... / Ils jouent ...

Feeling confident?

4 Tu as fait des achats?
(pages 64–65)

Cahier Rouge — Module 3

1 Complete the crossword with the correct past participle from the box, using the clues to help you. Which activity reads <u>down</u> the crossword?

1 J'ai … des achats.
2 J'ai … un tee-shirt.
3 Elle a … le bus.
4 Nous avons … des amis.
5 J'ai … la porte.
6 Il a … son porte-monnaie.
7 J'ai … de l'eau.
8 Il a … un film.
9 Nous avons … un nouveau café.
10 Elle a … un livre.
11 Mes copains ont … au foot.

> <s>fait</s> pris ouvert lu bu
> acheté perdu découvert retrouvé vu joué

1: f a i t

2 Speedy Valérie Vitesse spent yesterday in town. Match the phrases that have a similar meaning by writing the correct letter in the box.

1 C'était fantastique.
2 J'ai fait des achats.
3 J'ai nagé.
4 J'ai vu un film.
5 J'ai rencontré un ami.
6 J'ai trouvé un magasin de vêtements.
7 Je suis allée à la maison.

a J'ai fait de la natation.
b C'était génial.
c J'ai retrouvé un copain.
d J'ai découvert une boutique de mode.
e J'ai fait les magasins.
f Je suis rentrée chez moi.
g Je suis allée au cinéma.

3 On a separate sheet of paper, describe a recent visit to town. Use the pictures to help you.

Make your writing more interesting by using some of these words: *et, mais, puis, ensuite, enfin*.

Feeling confident?

Normalement, hier et demain

(pages 66–67)

Cahier Rouge — Module 3

1
Were these statements written by Pierre Passé (past), Florence Futur (future) or Pénélope Présent (present)? Write the letters in the correct cloud.

 Pierre Passé

 Florence Futur

 Pénélope Présent
a

- **a** D'habitude, je regarde la télé le soir.
- **b** Demain, je vais prendre le bus.
- **c** Hier, je suis allé au cinéma.
- **d** La semaine dernière, j'ai mangé au restaurant.
- **e** Normalement, j'écoute de la musique dans ma chambre.
- **f** J'adore jouer au basket.
- **g** Hier j'ai bu un coca.
- **h** La semaine prochaine, je vais faire de la natation.
- **i** Je fais souvent du cyclisme.
- **j** Mardi prochain, je vais acheter un livre.

2
Read what Trusha does in her free time. Are the sentences true (T) or false (F)?

> J'adore faire de la natation parce que c'est un sport intéressant. Je vais à la piscine tous les jours parce que la natation, c'est ma passion.
>
> Hier, j'ai retrouvé mes copines et nous sommes allées au cinéma où nous avons vu un film de science-fiction. Après, on a mangé en ville.
>
> Normalement je vais au collège en bus avec ma petite sœur mais lundi prochain, le collège est fermé parce qu'il y a une grève des profs. Alors, nous allons faire les magasins au centre commercial, puis on va jouer au tennis de table au centre sportif!

1. Trusha finds swimming boring. — F
2. Trusha goes swimming regularly.
3. She is going to the cinema next week.
4. She had a meal with some friends yesterday.
5. She usually goes to school by bus.
6. She went shopping last weekend.

3
On a separate sheet of paper, write a blog about free-time activities. Say (a) what you usually do, (b) what you did last weekend, and (c) what you will do next Monday when school is shut!

Feeling confident?

Révisions
(page 69)

Cahier Rouge
Module 3

1 Choose the correct French form of the adjectives.

Ready

1 J'ai une *petit* / *petite* sœur qui est très *sérieux* / *sérieuse* mais de temps en temps, elle est aussi *égoïste* / *égoïstes*.

2 Mes frères sont *gentil* / *gentils* et *travailleurs* / *travailleuses* et ma copine Lucie est *beau* / *belle* et très *généreux* / *généreuse*.

3 Moi, j'adore les comédies car elles sont *marrants* / *marrantes* et j'aime les documentaires parce qu'ils sont *intéressants* / *intéressantes*.

2 Based on shared hobbies, find the best penfriends for these five people. Write the correct letter in the box.

Get set

1 Moi, j'aime bien lire parce que je trouve ça très intéressant. **Tanvir** — e

2 Faire de la natation c'est génial, mais je déteste faire de l'équitation. **Rachid**

3 Aller au ciné, c'est super. Je regarde deux films par semaine avec mon meilleur copain. **Janshir**

4 J'adore parler avec mes copains. On parle de tout. **Yann**

5 J'aime faire du cyclisme mais je n'aime pas aller au ciné. C'est très ennuyeux! **Loïs**

a Je préfère nager à la piscine ou même dans la mer s'il fait chaud. **Luc**

b Moi, j'aime bien bavarder avec mes amis, surtout le soir après l'école et le weekend. **Paul**

c Faire du vélo, c'est amusant. Le weekend dernier, j'ai fait du vélo à la campagne. **Annie**

d Regarder des films, je trouve ça vraiment passionnant. **Francis**

e J'aime beaucoup la lecture. C'est ma passion. **Sylvie**

3 Read the passage. Then, on a separate sheet of paper, write your own version, changing the underlined words.

Go!

D'habitude le samedi matin, <u>je traîne à la maison</u> et <u>je lis</u>. Le soir, <u>j'écoute souvent de la musique dans ma chambre</u>, mais <u>je ne regarde pas la télé</u>.

Samedi dernier, je suis allé <u>au café avec mes copains et mon frère à dix heures</u>.

Ensuite, <u>nous avons joué au foot dans le parc</u>.

Vendredi prochain, le collège est fermé. Alors, <u>je vais regarder un film d'horreur au ciné avec une copine</u>.

Feeling confident?

En focus
(pages 70–71)

Cahier Rouge
Module 3

1 Complete Samsara's note with words from the box. Be careful: there are more words than gaps.

> Pendant mon temps libre je suis toujours occupée. D'habitude je regarde la télé dans le **❶** .... avec ma **❷** .... parce que c'est très divertissant. On aime les **❸** .... parce qu'elles sont drôles.
> Hier, j'ai **❹** .... de la musique en streaming et j'ai **❺** .... des playlists sur mon **❻** ....
> Demain, je **❼** .... prendre le bus pour la **❽** ....

| ville | copains | vais | écouté | chambre | salon | créé | comédies | famille | portable |

2 Read Assiom's email about his free time. Answer the questions in English.

> Normalement le weekend, je regarde des feuilletons à la télé, je télécharge de la musique et je joue sur ma Playstation. Je trouve ça divertissant et marrant. De temps en temps, je nage à la piscine avec quelques copains mais je ne lis pas beaucoup parce que je trouve les livres et les magazines assez ennuyeux.
>
> Le weekend dernier, avec mon cousin, j'ai fait du vélo à la campagne et c'était passionnant. Le prochain jour férié, je vais visiter un parc d'attractions avec mes copains et demain, je vais aller en ville parce que je veux acheter un jeu vidéo.

1. What does Assiom watch on TV? ....
2. What does he <u>not</u> do much? ....
3. What did he do last weekend? ....
4. When is he going to visit a theme park? ....
5. What is he going to do tomorrow? ....

3 Translate the sentences into French.

1. I listen to music on my mobile phone. ....
2. Usually I chat to my friends. ....
3. Last weekend I went cycling. ....
4. Tomorrow, I'm going to do some shopping. ....

Feeling confident?

Grammaire 1
(pages 74–75)

- Adjectival agreement
- Negatives
- The perfect tense

Cahier Rouge
Module 3

1 Complete the sentences with one of the adjectives in brackets – your choice!

1 Les documentaires (m) sont *intéressants*. (*intéressant / ennuyeux*)
2 Les émissions (f) de cuisine sont .... (*nul / fantastique*)
3 Taylor Swift est .... (*arrogant / gentil*)
4 Emma Watson est .... (*beau / sérieux*)
5 Les comédies (f) sont .... (*divertissant / passionnant*)

Adjectives must 'agree' with the noun they describe.

masc. singular	fem. singular	masc. plural	fem. plural
intéressant	*intéressante*	*intéressants*	*intéressantes*
drôle	*drôle*	*drôles*	*drôles*
ennuyeux	*ennuyeuse*	*ennuyeux*	*ennuyeuses*
gentil	*gentille*	*gentils*	*gentilles*
beau	*belle*	*beaux*	*belles*

2 Rewrite the sentences using the negative in brackets.

After a negative, *un, une* and *du, de la, de l', des* change to **de**: *Je ne mange jamais de poisson*. (I never eat fish.)

1 Nous jouons au foot. (*ne … pas*) *Nous ne jouons pas au foot.*
2 Elle lit. (*ne … rien*) ....
3 Je bois du café. (*ne … jamais*) ....
4 Ils mangent des glaces. (*ne … pas*) ....
5 Nous avons fait les magasins. (*ne … pas*) ....

3 Put the verbs in brackets into the perfect tense to complete the text.

Salut! Je m'appelle Louise. Hier, je *suis allée* (*aller*) au centre sportif avec ma sœur Élise. Elle .... (*nager*) mais j' .... (*jouer*) au squash.

Le weekend dernier, nous .... (*prendre*) le train pour Paris et j' .... (*voir*) un film amusant au ciné. Ensuite, on .... (*manger*) un repas délicieux. Sylvie et Élise .... (*rester*) au restaurant mais j' .... (*visiter*) le Louvre. Enfin, nous .... (*rentrer*) chez moi et nous .... (*lire*) des magazines.

Feeling confident?

Grammaire 2
• Using three tenses together

Cahier Rouge
Module 3

(page 75)

1 Complete the sentences with the correct form and tense of *aller*, *prendre*, *jouer* or *faire*.

1   Demain, je <u>vais jouer</u> au rugby. (*jouer*)

2   Hier, elle .... au stade. (*aller*)

3   Le weekend prochain, nous .... de la natation. (*faire*)

4   D'habitude, tu .... beaucoup de photos. (*prendre*)

5   Normalement, elles .... au parc le samedi. (*aller*)

6   Demain, on .... au tennis. (*jouer*)

> • Use the present tense to say what you <u>normally do</u> or <u>what is happening now</u>: *Je joue au rugby.*
> • Use the near future tense to say what you are <u>going to do</u>: *Je vais jouer au rugby.*
> • Use the perfect tense to say what you <u>did in the past</u>: *J'ai joué au rugby.* The past participle must agree for verbs that take *être*: *Ma mère est allée au cinéma.*

2 The Goths are a very unusual family but they do normal things! Complete Géraldine's sentences with the correct two tenses of the verb in brackets.

1   Hier, j' <u>ai mangé</u> au restaurant mais normalement, je .... à la maison. (*manger*)

2   D'habitude, nous .... de la limonade mais demain, nous .... du coca. (*boire*)

3   Normalement, ma sœur, Géorgie, ... des vêtements mais hier, elle .... un livre. (*acheter*)

4   Hier, mes frères, Georges et Gaston, ... à la maison à 4 heures mais demain, ils .... à 7 heures. (*arriver*)

5   Le weekend dernier, ma mère et ma sœur .... à la piscine mais d'habitude, elles .... au stade. (*aller*)

3 On a separate sheet of paper, translate your completed sentences from exercise 2 into English.

Feeling confident?

Vocabulaire

Cahier Rouge — Module 3

Point de départ

Ma célébrité préférée est …	My favourite celebrity is …
Il/Elle est / n'est pas …	He/She is / is not …
arrogant(e).	arrogant.
intelligent(e).	intelligent.
laid(e).	ugly.
méchant(e).	nasty.
bête.	stupid.
drôle.	funny.
égoïste.	selfish.
modeste.	modest.
sérieux/sérieuse.	serious.
généreux/généreuse.	generous.
paresseux/paresseuse.	lazy.
travailleur/travailleuse.	hard-working.
beau/belle.	good-looking.
gentil/gentille.	kind.
Il/Elle a beaucoup de talent.	He/She has lots of talent.
Il/Elle fait beaucoup de choses pour les bonnes causes.	He/She does a lot for charity.
C'est mon chanteur / ma chanteuse préféré(e).	He/She is my favourite singer.
C'est un(e) de mes acteurs / actrices préféré(e)s.	He/She is one of my favourite actors.
J'aime / Je n'aime pas …	I like / I don't like …
les comédies	comedies
les dessins animés	cartoons
les documentaires	documentaries
les feuilletons	soaps
les infos	the news
les jeux (télévisés)	gameshows
les séries (policières)	(police) series
les émissions de …	
cuisine	cookery
musique	music
sport	sport
science-fiction	science fiction … programmes
parce qu'ils/elles sont …	because they are …
ridicules.	ridiculous.
divertissant(e)s.	entertaining.
intéressant(e)s.	interesting.
passionnant(e)s.	exciting.
plein(e)s d'action.	full of action.
ennuyeux/ennuyeuses.	boring.
nuls/nulles.	rubbish.
marrant(e)s.	funny.
bêtes.	stupid.

Unité 1 – Ma vie numérique

Je regarde la télé …	I watch TV …
avant les cours.	before lessons.
tous les soirs.	every evening.
le weekend.	at the weekend.
dans le salon.	in the living-room.
dans le bus.	in the bus.
dans ma chambre.	in my bedroom.
avec ma famille.	with my family.
seul(e).	alone.
Je regarde …	I watch …
des chaînes sur YouTube	YouTube channels
à la demande, sur Netflix	on demand, on Netflix
sur mon smartphone	on my smartphone
sur mon ordinateur	on my computer
sur ma tablette	on my tablet
C'est facile.	It's easy.
C'est varié.	It's varied.
Ce n'est pas cher.	It's not expensive.
J'écoute de la musique en streaming.	I stream music.
Je télécharge des chansons.	I download songs.
Je crée des playlists.	I create playlists.
Je joue sur ma Xbox.	I play on my Xbox.
J'achète des jeux et je joue en ligne.	I buy games and play online.

Feeling confident?

Vocabulaire

Cahier Rouge — Module 3

Unité 2 – On va au ciné?

Je vais au cinéma.	I'm going to the cinema.	Désolé(e). Je ne peux pas ce soir.	Sorry. I can't this evening.
Tu viens?	Are you coming?	Rendez-vous où et à quelle heure?	Where and when shall we meet?
Ça dépend. Qu'est-ce que tu vas voir?	It depends. What are you going to see?	Chez moi. / Chez toi.	At my house. / At your house.
Je vais regarder …	I'm going to see …	À 19h.	At 7 pm.
une comédie	a comedy	À plus.	See you later.
un film d'animation	an animated film	À demain.	See you tomorrow.
un film romantique	a romantic film	À samedi.	See you on Saturday.
un film d'action	an action film	Je peux vous aider?	Can I help you?
un film d'horreur	a horror film	Je voudrais trois billets pour …	I'd like three tickets for …
un film de science-fiction	a sci-fi film	Deux adultes et un enfant.	Two adults and one child.
un film de super-héros	a superhero film	Ça fait combien?	How much is it?
Il y a une séance à 14h.	There's a screening at 2 pm.	C'est quelle salle?	Which screen?
Bonne idée! Je veux bien.	Good idea! I'd like to.		
Tu rigoles!	You're kidding!		
Je n'ai pas envie.	I don't want to.		

Unité 3 – Quels sont tes loisirs?

Je bavarde / Je parle avec mes copains.	I chat / I talk to my friends.	Je nage. / Je fais de la natation.	I swim. / I go swimming.
Je fais du cyclisme. / Je fais du vélo.	I go cycling.	Je ne lis pas beaucoup.	I don't read much.
Je lis. / Je fais de la lecture.	I read.	Je ne joue jamais à des jeux vidéos.	I never play video games.
		Je ne fais rien.	I don't do anything.

Unité 4 – Tu as fait des achats?

Je suis allé(e) au centre commercial.	I went to the shopping centre.	J'ai attendu une demi-heure.	I waited half an hour.
J'ai fait les magasins. / J'ai fait des achats.	I went shopping.	J'ai dépensé trop d'argent.	I spent too much money.
J'ai lu une annonce pour les soldes.	I read an advert for the sales.	J'ai découvert un café.	I discovered a café.
J'ai fait une balade. / J'ai fait une promenade.	I went for a walk.	J'ai essayé plein de vêtements.	I tried on lots of clothes.

Unité 5 – Normalement, hier et demain

Normalement, …	Normally, …	je suis allé(e) …	I went …
j'écoute de la musique.	I listen to music.	j'ai choisi …	I chose …
je lis des BD.	I read comics.	Le weekend prochain, …	Next weekend, …
nous jouons en ligne.	we play online.	je vais visiter …	I am going to visit …
Le weekend dernier, …	Last weekend, …	on va prendre …	we are going to take …

Feeling confident?

Point de départ
(pages 80–81)

Cahier Rouge
Module 4

1 Match the weather phrases to the correct symbol.

1 Il fait chaud. ☐
2 Il pleut. ☐
3 Il y a du brouillard. ☐
4 Il y a du soleil. ☐
5 Il neige. ☐
6 Il y a du vent. ☐
7 Il y a des orages. ☐
8 Il fait froid. ☐

a b c d e f g h

2 Read the descriptions of where these people live. Tick the three correct statements.

J'habite dans un village à la montagne en Suisse. En hiver, il fait très froid et il neige souvent, alors il y a beaucoup de touristes qui font du ski ici. **Mara**

Moi, j'habite dans une grande ville au Maroc. En été, il y a beaucoup d'orages, mais c'est très joli et animé et j'aime bien habiter ici. **Salma**

J'habite dans un très petit village à la campagne dans l'ouest de la France. En hiver, c'est trop calme et vraiment ennuyeux, mais en été, il fait souvent beau et il y a du soleil. **Corinne**

1 Mara is a good skier. ☐
2 Mara lives in a village where there are never any tourists. ☐
3 Salma finds where she lives pretty. ☐
4 Salma doesn't like where she lives. ☐
5 Corinne finds her village too quiet in winter. ☐
6 In Corinne's village it's often sunny in summer. ☐

3 On a separate sheet of paper, write an email to a French friend, describing where you live. Answer the questions.

- Où habites-tu?
- Quel temps fait-il en été et en hiver?
- C'est comment en été et en hiver? (ennuyeux, trop tranquille, beaucoup de touristes, etc.)
- Que penses-tu de ta région? Pourquoi?

> Use connectives (*et, mais, parce que, alors*) and qualifiers (*très, trop, assez*, etc.) to add detail to your answer.

Feeling confident?

1 Elle est comment, ta région?
(pages 82–83)

Cahier Rouge
Module 4

1 Félix Fier is very proud of his town. Read his description and complete the sentences in English.

> J'habite à Annecy, une ville dans le sud-est de la France. Il y a un grand lac et plein de montagnes. J'adore ma ville parce qu'il y a plein de magasins et de restaurants et qu'en été, il y a beaucoup de touristes. On peut faire du canoë-kayak sur le lac et on peut aussi faire des randonnées et visiter le château. C'est vraiment génial!

Félix lives in the south-*east* .... of France. There is a big .... and .... of mountains. He .... his town because there are lots of .... and restaurants. In the summer, there are lots of .... You can go .... on the lake and also go .... and visit the ....

2 Now read what Thierry Triste says about where he lives and list in English four things that you <u>can't</u> do there.

> Moi, j'habite à Malville. Je déteste ma région parce que c'est vraiment ennuyeux ici. En été, il fait souvent mauvais alors on ne peut pas faire de sport et on ne peut pas visiter les monuments historiques. Il y a un restaurant, mais on ne peut pas bien manger parce que les repas sont nuls. On peut rester à la maison mais on ne peut pas aller à la plage. C'est vraiment trop calme!

....

3 Imagine that you are Julien Joyeux, and you love your town! Describe it using the prompts.

Use the vocabulary on page 48 to help you.

J'habite …   Il fait / Il y a …

On peut …

On ne peut pas …

Il y a beaucoup de / plein de / peu de …

J'aime … parce que c'est …

....
....
....
....
....
....

Feeling confident?

2 Qu'est-ce qu'on doit faire pour aider à la maison?
(pages 84–85)

Cahier Rouge Module 4

1 Read about the chores Freddy Fantôme's family have to do and decide if the statements are true (T) or false (F).

> Chez nous le samedi, je dois laver la voiture de ma mère et parfois, je dois ranger ma chambre. Ma sœur, Fatima, doit faire la lessive et mon frère, Franco, doit nourrir les animaux – nous avons trois chats noirs et un chien blanc.
>
> Le weekend, tous les enfants doivent aider dans le jardin. Le 31 octobre, nous faisons une grande fête et mes parents doivent préparer un repas spécial parce qu'on invite tous nos amis à la maison. Après la fête, nous devons tous ranger la maison!

1 Freddy washes his mum's car every Sunday. **F**
2 He sometimes has to tidy his room. ☐
3 His sister has to feed the pets. ☐
4 All the children must help with the washing at the weekend. ☐
5 There is a party at Freddy's house in October. ☐
6 They invite all their family to a party every year. ☐

2 Read the email from Armand who lives in Senegal. Circle the correct option to complete the sentences.

> Dans mon village au Sénégal je *dois / doit / doivent* nourrir *les animaux / la maison / le collège*. Tous les jours je dois me *lève / lever / lave* tôt pour aller chercher de l'eau, puis je dois rapporter l'eau. Mes frères ne *fait / faisons / font* rien pour aider à la maison, mais ma sœur Christelle *dois / doit / devons* garder mon petit frère. Il fait très chaud ici. On ne doit pas *faire / polluer / manger* l'eau.

> To say 'must not', put *ne … pas* around the part of *devoir*: *On **ne** doit **pas** boire l'eau.*

3 Translate the sentences into French.

1 She must tidy her room. ....
2 I must look after my brother. ....
3 My parents must not feed the animals. ....
4 We must do the washing. ....
5 I don't do anything to help at home. ....

Feeling confident?

3 Ma routine, ta routine
(pages 86–87)

Cahier Rouge
Module 4

1 **Reveal Gabriela Goth's daily routine by drawing lines to match up the sentence halves.**

1	Je me lève à	a	les dents dans la salle de bains.
2	Je prends	b	sept heures.
3	Je me	c	le petit déjeuner.
4	Je	d	douche à sept heures et quart.
5	Ensuite, je m'	e	habille dans ma chambre.
6	Je me lave	f	me coiffe.

2 **Read about Amira's daily routine and circle the correct option to complete each sentence.**

> Salut! Je m'appelle Amira. Je suis d'Algérie, je parle français mais j'habite à Montréal au Canada. Je suis chanteuse.
>
> Je me lève tous les jours à huit heures moins le quart et je prends le petit déjeuner dans la cuisine avec mon chien, Bruno. Je me douche, puis je m'habille en jean et en tee-shirt et je vais au studio où je retrouve les musiciens avec qui je travaille. Parfois, je chante ou je joue de la guitare et à midi je mange dans un petit café en ville.
>
> L'après-midi, je fais les magasins avec mes copines et nous bavardons ensemble. Le soir, je m'habille en robe et je vais au ciné ou au théâtre avec ma meilleure amie, Sophia. C'est génial!

1 Amira habite *en France / au Canada / en Algérie*.

2 Normalement elle se lève à *8h15 / 8h45 / 7h45*.

3 D'habitude, le matin, elle porte *une robe / un sweat / un jean*.

4 Elle mange *dans un grand café / à 12 heures / avec des musiciens*.

5 L'après-midi, elle *fait des achats / joue de la guitare / va au ciné*.

6 Le soir, elle *sort avec une copine / porte un tee-shirt / n'aime pas aller au théâtre*.

3 **On a separate sheet of paper, write a description of your own weekday routine (morning, afternoon and evening) and say what is different at the weekend.**

Use:
- connectives, e.g. *parce que*
- sequencers, e.g. *puis*
- time phrases, e.g. *le weekend*.

Feeling confident?

4 J'ai déménagé!
(pages 88–89)

Cahier Rouge
Module 4

1 Unjumble the words. Write each sentence in the correct order.

1 la J'ai à campagne déménagé   J'ai ....
2 montagne avons déménagé Nous la à   ....
3 a y Il beau et une belle salon un cuisine   ....
4 Marc nouvel Mon ami s'appelle   ....
5 déjà beaucoup copains nouveaux J'ai de   ....

2 Read Sami's description of his new house. Circle the correct option to complete each sentence.

Le mois dernier, nous avons déménagé de Paris à la ville de La Rochelle. Notre nouvelle maison est assez grande et vieille mais il y a un nouveau garage et un beau jardin.
Nos nouveaux voisins sont très sympa et le weekend dernier, je suis allé en ville avec mon nouvel ami Mathieu. J'ai acheté un nouvel appareil photo pour l'anniversaire de mon père.
La ville est belle avec beaucoup de vieilles maisons. J'aime bien ma nouvelle ville parce qu'on est au bord de la mer et que j'aime bien faire de la natation dans la mer.

un appareil photo   camera

1 Sami a déménagé à *Paris / La Rochelle / la campagne*.
2 Sa nouvelle maison n'est pas *vieille / assez grande / moderne*.
3 Il trouve ses nouveaux voisins *gentils / méchants / bizarres*.
4 Le weekend dernier, Sami *a visité la plage / est allé chez son nouvel ami / a acheté un cadeau*.
5 Dans la ville il y plein de *nouvelles maisons / vieux bâtiments / centres sportifs*.
6 Sami aime sa nouvelle ville parce qu'il aime *nager / prendre des photos / aller à la piscine*.

3 On a separate sheet of paper, write about a recent house move (real or imaginary). Use the prompts.

- J'ai déménagé …
- Ma nouvelle maison / Mon nouvel appartement est …
- Dans ma nouvelle ville / mon nouveau village, il y a …
- J'aime / Je n'aime pas ma nouvelle ville / mon nouveau village … parce que …

Feeling confident?

À la découverte d'une nouvelle région
(pages 90–91)

Cahier Rouge — Module 4

1 Decide if the sentences refer to the past (Pa), present (Pr) or future (F).

1. Je suis en vacances avec mes parents. — **Pr**
2. Samedi dernier, j'ai visité la Corse.
3. Demain, je vais faire les magasins.
4. L'année prochaine, je vais passer une semaine en Suisse.
5. Nous faisons souvent du vélo ensemble.
6. Hier, on a nagé dans la mer.

> The perfect (past) tense and the near future tense always have two parts.
> Perfect: *avoir* + past participle
> Near future: *aller* + infinitive

2 Read Clara's blog about holidays and answer the questions in French.

Salut! Je suis en vacances en Italie! C'est très joli et il fait très chaud, même trop chaud! Je me lève assez tard, vers neuf heures, et je prends le petit déjeuner à l'hôtel où nous passons deux semaines. Le matin, nous faisons de la natation ou nous visitons des sites historiques.

Hier, je suis allée visiter le Colisée à Rome et c'était formidable. Ma mère a pris une belle photo et demain je vais poster la photo en ligne. Ce dimanche je vais explorer la ville de Florence avec ma sœur, Alice. On va aller aux musées d'art, ensuite Alice et moi allons acheter plein de souvenirs.

1. Quel temps fait-il? ....
2. Où est-ce que Clara mange le matin? ....
3. Qu'est-ce qu'elle fait comme sport? ....
4. Comment a-t-elle trouvé la visite d'hier? ....
5. Qui va acheter des souvenirs? ....

3 Imagine that you are on holiday in Corsica. On a separate sheet of paper, answer the questions to describe your routine on holiday.

- En vacances, quelle est ta routine?
- Qu'est-ce que tu as fait hier? C'était comment?
- Qu'est-ce que tu vas faire demain? Pourquoi?

> Do some research online about what there is to do and see in Corsica, or look at the vocabulary on pages 48–49 for ideas.

Feeling confident?

Révisions
(page 93)

Cahier Rouge
Module 4

1 Look at the picture clues to complete the crossword. Which word reads <u>down</u> the crossword?

Ready

1  Il …

2  Il y a du …

3  Il y a des …

4 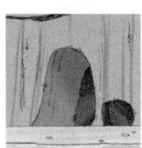 J'ai visité des …   5  Il …   6 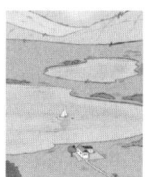 Il y a plein de …

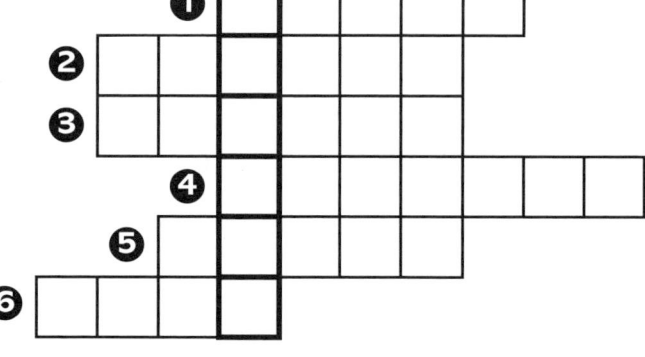

2 Oscar Occupé's daily routine is in a jumble. Write the sentence letters in the correct order.

Get set

a   Je me couche à vingt-deux heures.
b   D'abord, je me douche dans la salle de bains.
c   Je me lève à sept heures et quart.
d   Je vais au collège en car avec mes copains.
e   À huit heures moins le quart, je prends le petit déjeuner.
f   Le soir, je fais mes devoirs.

1 ☐   2 ☐   3 ☐   4 ☐   5 ☐   6 ☐

3 On a separate sheet of paper, write about what you can and cannot do in your region, and what you must and must not do at home. Use the vocabulary on pages 48–49.

Go!

- Dans ma région on peut …
- Dans ma ville on ne peut pas …
- Pour aider à la maison, je dois …
- On ne doit pas …

Devoir and *pouvoir* must be followed by an infinitive.

Feeling confident?

En focus
(pages 94–95)

Cahier Rouge
Module 4

1 Read Simon's poem about his daily routine and answer the questions.

Ma routine
Je me lève vers sept heures,
Je me douche et c'est super.
Je m'habille en tee-shirt noir,
Et puis je finis mes devoirs.
Je mange un toast avec mon père,
Ensuite je pars avec mon frère.
On va au collège en car,
On arrive à huit heures et quart.

On travaille, on joue, on parle
Avec mes copains Jules et Charles.
Après, je rentre chez moi à pied
Et je révise ce qu'on a étudié.
Je me couche très tôt la nuit
À neuf heures, jamais minuit!

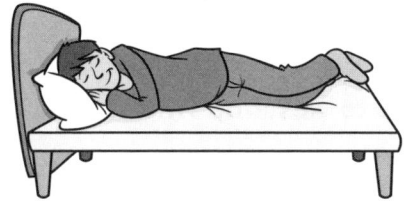

1 What time does Simon get up? ....
2 What does he wear to school? ....
3 What does he finish in the mornings? ....
4 How does he get to school? ....
5 Name **three** things he does at school. ....
6 How does he get home? ....
7 What does he do when he gets home? ....
8 What time does he go to bed? ....

2 Translate the sentences into French.

1 I go to school by car with my mother.

....

2 We have to arrive at half past eight.

....

3 In the evening I listen to music in my bedroom.

....

4 Usually I go to bed at a quarter to ten.

....

Feeling confident?

Grammaire 1
(page 98)

- The verb *pouvoir*
- The verb *devoir*

Cahier Rouge Module 4

1 Draw lines to match up the sentence halves.

1 Nous pouvons
2 On ne peut
3 On peut manger
4 Je peux faire
5 Vous
6 Elle ne

a pas aller au cinéma.
b des crêpes.
c pouvez faire les magasins.
d faire du ski.
e peut pas aller à la plage.
f plein de randonnées.

> *pouvoir* (to be able to)
> je peux
> tu peux
> il/elle/on peut
> nous pouvons
> vous pouvez
> ils/elles peuvent

2 Write sentences to describe what you can or cannot do.

1 On *ne peut pas aller au cinéma.*
2 Je ....
3 Nous ....
4 Tu ....
5 Il ....
6 Elles ....

3 Complete the sentences with the correct part of *devoir*.

1 Je *dois* laver la voiture.
2 On ne .... pas boire l'eau.
3 Nous .... faire la cuisine.
4 Ils .... se lever à sept heures.
5 Elle ne .... pas faire trop de bruit.
6 Vous .... faire la lessive.

> *devoir* (to have to)
> je dois
> tu dois
> il/elle/on doit
> nous devons
> vous devez
> ils/elles doivent

4 Translate the sentences into French.

1 I must help my parents. *Je dois aider mes parents.*
2 He must do the cooking. ....
3 They must do the washing-up. ....
4 You must wash the car. ....
5 She must get up early. ....
6 We must not drink the water. ....

Feeling confident?

Grammaire 2

- Reflexive verbs
- beau, nouveau and vieux

Cahier Rouge — Module 4

1 Complete the sentences with the correct form of the reflexive verb in brackets.

1. Je *m'habille* à huit heures. (*s'habiller*)
2. Émilie .... dans la salle de bains. (*se doucher*)
3. Mes petits frères .... à sept heures. (*se coucher*)

4. Nous .... à six heures. (*se lever*)
5. Je .... après ma douche. (*se coiffer*)
6. Tu .... les dents? (*se laver*)

se laver (to have a wash)	
je **me** lave	nous nous lav**ons**
tu **te** laves	vous vous lav**ez**
il/elle/on **se** lave	ils/elles se lav**ent**

2 Complete the sentences by circling the correct form of the adjective.

1. Elle habite dans une **nouveau** / **nouvelle** maison.
2. Je vais aller à la **vieux** / **vieille** piscine en ville.
3. Il y a deux **nouveau** / **nouveaux** hôtels (m) dans ma région.
4. Nous avons pris cinq **beaux** / **belles** photos (f) hier.
5. Il y a une **beau** / **belle** plage à La Rochelle.
6. Elle a un **nouvel** / **nouvelle** ami.
7. Je déteste mes **vieux** / **vieilles** chaussures (f).
8. Mon voisin, c'est un **vieux** / **vieil** homme.

Feeling confident?

Vocabulaire

Point de départ

Où habites-tu?	Where do you live?	Il fait mauvais.	The weather's bad.
J'habite …	I live …	Il fait chaud / froid.	It's hot / cold.
dans un village.	in a village.	Il y a du soleil / vent.	It's sunny / windy.
dans une ville.	in a town.	Il y a du brouillard.	It's foggy.
dans une grande ville.	in a city.	Il y a des orages.	It's stormy.
à la campagne.	in the country.	Il pleut.	It's raining. / It rains.
à la montagne.	in the mountains.	Il neige.	It's snowing. / It snows.
au bord de la mer.	at the seaside.		
sur une île.	on an island.	C'est comment en été / hiver?	What's it like in summer / winter?
dans le désert.	in the desert.	C'est …	It's …
en France.	in France.	amusant	fun
en Suisse.	in Switzerland.	tranquille / calme	peaceful / quiet
au Maroc.	in Morocco.	ennuyeux / animé	boring / lively
aux Antilles.	in the French Caribbean.	nul / génial / joli	awful / great / pretty
Quel temps fait-il?	What's the weather like?	très	very
Il fait beau.	The weather's fine.	trop	too

Unité 1 – Elle est comment, ta région?

Dans ma région, il y a …	In my region, there is / are …	On peut …	You / People can …
un appartement	a flat	manger des crêpes.	eat pancakes.
un bâtiment	a building	visiter les monuments historiques.	visit historic monuments.
un champ / un lac	a field / a lake	visiter des grottes.	visit caves.
un jardin public	a park	aller au cinéma.	go to the cinema.
un magasin	a shop	aller à la plage.	go to the beach.
une forêt / une plage	a forest / a beach	aller en ville.	go to town.
une montagne	a mountain	faire les magasins.	go shopping.
une rivière	a river	faire du canoë-kayak.	go canoeing.
un(e) touriste	a tourist	faire des randonnées	go for walks.
beaucoup de	lots of	faire du ski.	go skiing.
plein de	plenty of	cultiver le coton	to grow cotton
peu de	little, not many	travailler dans les champs	to work in the fields
trop de	too much	acheter des animaux	to buy animals
		aller à l'école	to go to school
		vendre des légumes	to sell vegetables

Unité 2 – Qu'est-ce qu'on doit faire pour aider à la maison?

On doit …	We / People must …	garder mon frère.	look after my brother.
Je dois …	I must …	ranger ma chambre.	tidy my room.
Ma sœur / Mon frère doit …	My sister / My brother must …	rapporter l'eau.	collect the water.
		laver la voiture.	wash the car.
garder ma sœur.	look after my sister.	faire la cuisine.	do the cooking.

Feeling confident?

Vocabulaire

Cahier Rouge — Module 4

faire la vaisselle.	do the washing-up.	son frère	his/her brother
faire la lessive.	do the washing.	sa sœur	his/her sister
nourrir les animaux.	feed the animals.	On ne doit pas …	We / People must not …
		polluer l'eau.	pollute the water.

Unité 3 – Ma routine, ta routine

Je me lève.	I get up.	Je m'habille.	I get dressed.
Je prends le petit déjeuner.	I have breakfast.	Je me lave les dents.	I clean my teeth.
		Je quitte la maison.	I leave the house.
Je me douche.	I have a shower.	Je me lave.	I have a wash.
Je me coiffe.	I do my hair.	Je me couche.	I go to bed.

Unité 4 – J'ai déménagé!

j'ai déménagé	I moved house	un bureau	an office
beau / belle / bel	beautiful	une cuisine / chambre	a kitchen / bedroom
nouveau / nouvelle / nouvel	new	un collège / gymnase	a school / gym
		une cantine	a canteen
vieux / vieille / vieil	old	un copain / une copine	a friend
un appartement	a flat	un(e) voisin(e)	a neighbour
une maison	a house	un(e) petit(e) ami(e)	a boyfriend/ girlfriend
un salon	a living-room	vivre sans toi	to live without you

Unité 5 – À la découverte d'une nouvelle région

Où est-ce que tu es en vacances?	Where are you on holiday?	Je vais à la plage.	I go to the beach.
Je suis en Corse.	I'm in Corsica.	Qu'est-ce qu'on doit faire l'après-midi?	What must you do in the afternoon?
C'est comment?	What's it like?	On doit faire la sieste.	You must take a siesta.
C'est très joli.	It's very pretty.		
À quelle heure est-ce que tu te lèves?	What time do you get up?	Quel temps fait-il?	What's the weather like?
Je me lève à …	I get up at …	Il fait chaud.	It is hot.
Où est-ce que tu prends le petit déjeuner?	Where do you have your breakfast?	Qu'est-ce que tu vas faire le weekend prochain?	What are you going to do next weekend?
Je prends le petit déjeuner dans le jardin.	I have breakfast in the garden.	Je vais faire un pique-nique.	I am going to have a picnic.
Qu'est-ce qu'on peut faire ici?	What can you do here?	Qu'est-ce que tu as fait le weekend dernier?	What did you do last weekend?
On peut faire des randonnées.	You can go for walks.	Je suis allé(e) …	I went …
		C'était comment?	How was it?
Qu'est-ce que tu fais pendant la journée?	What do you do during the day?	C'était intéressant.	It was interesting.

Feeling confident?

Point de départ
(pages 104–105)

Cahier Rouge
Module 5

1 Match the sentences to the sports.

1 On joue avec une raquette. [a]
2 C'est un sport de neige. [ ]
3 On fait ce sport à la patinoire. [ ]
4 Il y a onze joueurs dans une équipe. [ ]
5 On utilise un vélo. [ ]
6 On doit avoir un cheval. [ ]

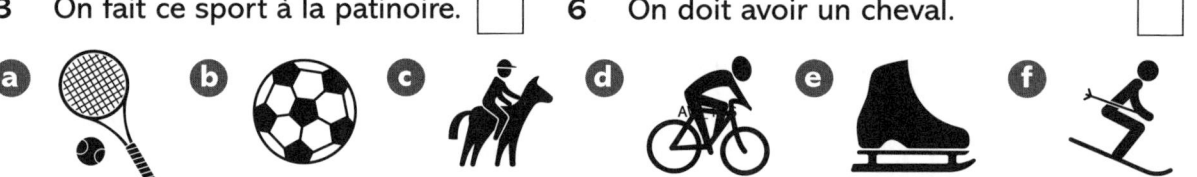

2 Read about the sports Amélie Athlète does and answer the questions in French.

Salut! Je m'appelle Amélie et je suis mega-fan de presque tous les sports. Je fais de la natation cinq fois par semaine et c'est ma passion, mais j'aime aussi jouer au volley. Le samedi, je joue pour une équipe au centre sportif en ville, et c'est vraiment marrant.

J'aime bien courir aussi et je m'entraîne trois fois par semaine dans un club d'athlétisme où je suis membre. Dans la ville où j'habite, on peut aussi jouer au foot mais c'est le seul sport que je n'aime pas. Le weekend, mes cousins font du judo et je vais bientôt essayer les arts martiaux avec eux. Mon héros sportif est Amaury Leveaux. Il fait de la natation pour l'équipe nationale de France et il a gagné beaucoup de médailles! Et en plus, il habite dans ma ville!

essayer   to try

1 Quel est le sport préféré d'Amélie? ....
2 Où est-ce qu'elle joue au volley? ....
3 Combien de fois par semaine est-ce qu'elle fait de l'athlétisme? ....
4 Quel est le sport qu'elle n'aime pas? ....
5 Quel sport est-ce qu'elle va essayer? ....
6 Où habite son héros? ....

3 On a separate sheet of paper, write an email to a French friend. Mention:

- your favourite sport, how often you do it and where you train
- if you are a member of a club
- details about your sporting hero
- which sports you can do in your town or village
- which sport you are going to try.

> Use connectives (*et*, *mais*, *parce que*). Remember that some sports use *jouer à* and others use *faire de*.

Feeling confident?

1 Plus ou moins?
(pages 106–107)

Cahier Rouge
Module 5

1 Complete the online forum contributions with the correct form of the adjectives in brackets.

> Adjectives must agree with the noun they describe.
> masc.   *amusant, compliqué, ennuyeux*
> fem.   *amusante, compliquée, ennuyeuse*
> masc.pl   *amusants, compliqués, ennuyeux*
> fem.pl   *amusantes, compliquées, ennuyeuses*

Sarah Moi, je trouve la danse trop ❶ .... (*fatigant*). Je préfère le cyclisme – je trouve ça ❷ .... (*divertissant*).

Muriel Je trouve les arts martiaux (m) trop ❸ .... (*compliqué*). À mon avis, le rugby est plus ❹ .... (*facile*).

Rachida À mon avis, l'équitation (f) est ❺ .... (*passionnant*) mais la natation est plus ❻ .... (*relaxant*).

2 Read what Sandrine la Souris thinks about various sports, then circle the correct option to complete the statements.

> Moi, je m'appelle Sandrine la Souris et je suis assez sportive. Je fais beaucoup de sport. Je fais du judo une fois par mois et je fais de la gymnastique avec mon copain Rémi le Rat tous les samedis. À mon avis, le basket est plus amusant que le patin à glace. Je ne fais pas de natation parce que c'est ennuyeux.
>
> Le weekend dernier, j'ai joué au handball avec ma famille et le weekend prochain, je vais faire de la musculation dans une salle de fitness avec mon copain Hugo le Hamster.

1 Elle fait *du judo /* (*de la gymnastique*) */ du patin à glace* une fois par semaine.
2 Elle pense que le patin à glace est **plus** / **moins** amusant que le basket.
3 Récemment, elle ***a fait de la musculation** / **a fait du sport avec sa famille***.
4 Elle va bientôt ***jouer au handball** / **faire de la musculation** / **faire du cyclisme***.

3 Translate the sentences into French. Write on a separate sheet of paper.

1 Horse riding is more fun than gymnastics.
2 In my opinion, basketball is more difficult than ice skating.
3 Swimming is less tiring than weight training.
4 I find horse riding and judo less boring than cycling.

Feeling confident?

2 Pour aller au stade?
(pages 108–109)

Cahier Rouge — Module 5

1 Complete these requests for directions using *au*, *à la*, *à l'* or *aux*.

1 Pour aller ..au.............. restaurant (m)?
2 Pour aller .... gare routière (f)?
3 Pour aller .... parking (m)?
4 Pour aller .... magasins (pl)?
5 Pour aller .... stade (m)?
6 Pour aller .... hôtel (m)?

masculine	au
feminine	à la
vowel or h	à l'
plural	aux

2 Read the messages and fill in the grid in English.

1 Salut Karine. J'ai oublié mon manteau au restaurant *Au Lion Rouge*. Tu peux aller le chercher pour moi? Pour aller au restaurant de chez toi, prends la deuxième rue à gauche, puis la première rue à droite. Merci!

2 Bonjour madame. Nous avons trouvé votre porte-monnaie à la gare SNCF. Si vous êtes à l'hôtel, prenez la première rue à gauche et puis allez tout droit.

3 Salut Jean-Luc. J'ai laissé mon argent sur la table du salon et je suis au lac. Tu peux venir au lac avec mon argent? Prends la troisième rue à droite, puis la deuxième rue à gauche. Merci bien!

4 Monsieur, on a trouvé votre passeport au stade après le match de foot cet après-midi. Si vous êtes à la gare routière, prenez la première rue à droite, puis la deuxième rue à droite. À bientôt.

	destination	directions
1	restaurant	
2		
3		
4		

3 On a separate sheet of paper, write the destination and directions in French using the symbols and the form of the imperative in brackets.

> 1 Pour aller ..., prends la ... rue à ... .

1   (*tu*)   2   (*vous*)   3   (*vous*)

Feeling confident?

3 Qu'est-ce qu'il faut faire?
(pages 110–111)

Cahier Rouge
Module 5

1 Match the French sentences to their English translations.

1 Il faut manger équilibré.
2 Il faut dormir huit heures par nuit.
3 Il faut être actif.
4 Il ne faut pas manger trop de chocolat.
5 Il faut souvent aller au centre sportif.
6 Il ne faut pas fumer.

a You must not eat too much chocolate.
b You must eat healthily.
c You must go to the sports centre often.
d You must not smoke.
e You must be active.
f You must sleep for eight hours a night.

2 Read about the French sportswoman Céline Dumerc and then decide if the statements are true (T) or false (F).

Céline Dumerc est capitaine de l'équipe nationale de basket française. L'équipe a gagné la médaille d'argent aux Jeux Olympiques à Londres en 2012 où Céline a marqué beaucoup de paniers. Céline aime aider les jeunes filles à s'entraîner pour être de bonnes joueuses de basket.

Pour être championne comme Céline, il faut s'entraîner avec son club deux fois par semaine et aller à la salle de fitness tous les jours. Si on veut être athlète internationale comme Céline, il faut être motivée et très déterminée et il faut travailler très dur. Céline mange toujours équilibré et elle ne doit pas manger trop de fast-food, bien sûr!

1 Céline is the captain of the French basketball team.
2 She won a gold medal at the Olympics in 2012.
3 She scored a lot of baskets at the Olympics.
4 She helps train future basketball players.
5 To be like Céline, you must go to the gym twice a week.
6 She can eat anything she wants.

3 On a separate sheet of paper, translate the second paragraph of the text from exercise 2 into English.

Feeling confident?

4 Ça va?
(pages 112–113)

Cahier Rouge — Module 5

1 Monique Malade is often ill. Match her symptoms to the doctor's advice.

1 J'ai mal à la jambe. ☐
2 J'ai mal à la tête et j'ai de la fièvre. ☐
3 J'ai mal au ventre et j'ai vomi. ☐
4 Je me suis blessée au bras. ☐
5 J'ai mal à la gorge. ☐
6 J'ai un rhume. ☐

a Il faut prendre des antidouleurs.
b Il faut mettre un pansement.
c Il ne faut pas jouer au foot.
d Il fait rester au lit.
e Il ne faut rien manger.
f Il faut boire beaucoup d'eau.

2 Complete Monique's blog with words from the box.

Dans ma ville on ❶ .... faire de la natation, mais on ne peut pas jouer ❷ .... handball. Je ❸ .... aller dans une autre ville où il y a un centre de hand.
Ce matin, je suis ❹ .... à la salle de fitness avec ma copine Sylvia. Nous avons fait de la ❺ ...., mais je me ❻ .... blessée au bras et ça ne va pas. Pour le moment je dois ❼ .... des antidouleurs et je ne peux pas faire d' ❽ .... Le médecin a dit qu'il ❾ .... pratiquer des exercices modérés dans sept jours. J'ai aussi mal à l' ❿ .... depuis trois jours. Quel désastre!

> au   allée   oreille   peut   suis   faut   prendre   dois   exercice   musculation

3 Translate the sentences into French.

1 I have a headache and a sore throat. ....
2 You must drink a lot of water. ....
3 Yesterday I went to the swimming pool with my sister. ....
4 I injured my leg and my arm. ....
5 I must do some gentle exercises. ....

Feeling confident?

Allez, les champions!
(pages 114–115)

Cahier Rouge Module 5

1 Assiom Diouf is a young Senegalese footballer. Match his answers to the questions he is asked in an interview.

1 Est-ce que tu as commencé à jouer au foot à un très jeune âge? **a**
2 Qu'est-ce que tu veux faire à l'avenir? ☐
3 Est-ce que tu vas t'entraîner demain? ☐
4 Est-ce que tu as un héros sportif? ☐
5 Qu'est-ce qu'il faut faire pour être champion? ☐

a J'ai commencé à l'âge de six ans.
b Il faut travailler dur.
c Non, je vais me relaxer.
d Je voudrais gagner la Coupe du Monde.
e J'admire Sadio Mané parce qu'il marque beaucoup de buts.

2 Read what Robert LaGrange says about playing rugby, and answer the questions in full sentences in French.

> Moi, j'habite à Toulouse en France et ma passion, c'est le rugby. J'ai seize ans et j'ai commencé le rugby à l'âge de cinq ans. Le weekend dernier, j'ai participé à une compétition de rugby pour mon équipe scolaire et notre équipe a gagné la Coupe!
>
> Je mange toujours équilibré parce que c'est bon pour la santé. En plus, je ne bois jamais de boissons sucrées. Je vais à la salle de fitness cinq fois par semaine et je m'entraîne le mercredi et le vendredi. Mon héros sportif est Guilhem Guirado, le capitaine de l'équipe de France de rugby.
>
> Le mois prochain, je vais m'entraîner en Écosse avec mon club, mais je vais aussi travailler dur au lycée parce qu'à l'avenir je veux aller à l'université.

1 Robert, est-ce qu'il a commencé le rugby à un très jeune âge?
   Oui, il a commencé le rugby à l'âge de cinq ans.

2 Qu'est-ce qu'il a fait récemment?
   ....

3 Est-ce qu'il mange équilibré et pourquoi?
   ....

4 Qu'est-ce qu'il fait deux fois par semaine?
   ....

5 Est-ce qu'il a un héros sportif?
   ....

6 Qu'est-ce qu'il va faire le mois prochain?
   ....

Feeling confident?

Révisions
(page 117)

Cahier Rouge — Module 5

Ready

1 Complete the sentences with *au*, *à la*, *à l'* or *aux*. Then match each one to the correct part of the body.

masc.	au	vowel or h	à l'
fem.	à la	plural	aux

1 J'ai mal ......au...... pied (m).   h
2 Elle a mal .... jambe (f).
3 Il a mal .... dos (m).
4 Je me suis blessée .... oreille (f).
5 J'ai mal .... yeux (pl).
6 Tu as mal .... gorge (f)?
7 Vous avez mal .... épaule (f).
8 Elle a mal .... nez (m).

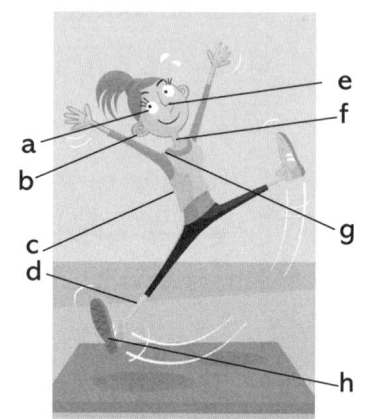

2 Decide if the questions refer to the past (Pa), present (Pr) or future (F).

Get set

1 Qu'est-ce que tu vas faire à l'avenir?   F
2 Qu'est-ce qu'on peut faire comme sports dans ta ville?
3 Qu'est-ce que tu as fait hier comme sport?
4 Le weekend dernier, est-ce que tu as gagné le match?
5 Quel est ton sport préféré?
6 Qu'est-ce que tu aimes faire le weekend?
7 La semaine prochaine, tu vas jouer au tennis?
8 Tu as commencé à faire du judo à quel âge?

3 On a separate sheet, write a blog about sport. Answer the questions.

Go!

- Quel est ton sport préféré? Pourquoi?
- Quel sport est-ce que tu détestes et pourquoi?
- Qu'est-ce que tu as fait comme sport le weekend dernier?
- C'était comment?
- Qu'est-ce que tu vas faire comme sport la semaine prochaine?
- Quel nouveau sport est-ce que tu vas faire à l'avenir? Pourquoi?

Make your answers more interesting and complex by using connectives and adjectives. Use the vocabulary on pages 60–61 if you need ideas.

Feeling confident?

En focus
(pages 118–119)

Cahier Rouge
Module 5

1 Draw lines to match up the sentence halves.

1	Hier, je suis	a	faire de la natation.
2	Demain, je vais	b	allé à la salle de fitness.
3	Je préfère le	c	joué au ping-pong.
4	Je n'aime	d	pas jouer au hockey.
5	Samedi dernier, mes cousins ont	e	pas joué au golf.
6	Nous n'avons	f	basket parce que c'est amusant.

2 Read the comments about sport, then circle the correct option to complete the sentences.

(**Amandine**) Hier, je suis allée au stade pour regarder un match de foot. Après, j'ai joué au volley avec mes copains et c'était fantastique parce que mon équipe a gagné.

(**Sofia**) Moi, j'adore presque tous les sports mais je n'aime pas faire du cheval parce que c'est ennuyeux. Ma sœur a son propre cheval et elle adore l'équitation.

(**Simon**) Moi, je ne suis pas très sportif, mais de temps en temps j'aime jouer au volley avec mes copains. On va jouer au volley demain.

1 Amandine *a regardé un match de foot récemment* / *va jouer au volley* / *ne regarde jamais le foot*.

2 Sofia *adore* / *aime* / *n'aime pas* faire de l'équitation.

3 Simon est *très sportif* / *pas du tout sportif* / *un peu sportif*.

4 Il *a joué au volley hier* / *joue tous les jours au volley* / *va bientôt jouer au volley*.

3 Translate the sentences into French. Write on a separate sheet of paper.

1 I often play basketball.

2 In my opinion, swimming is more fun than golf.

3 Yesterday I went cycling with my friends.

4 Next week I am going to play table tennis and go windsurfing.

Feeling confident?

Grammaire 1 (page 122)

- jouer à and faire de
- The comparative

Cahier Rouge — Module 5

1 Complete the sentences with the correct form of *jouer au/à la/à l'/aux* or *faire du/de la/de l'/des*.

1. En été, je peux .... tennis (m).
2. Je n'aime pas .... athlétisme (m).
3. On peut .... arts martiaux (pl).
4. On peut .... billard (m) ensemble?
5. J'adore .... voile (f).

> Use *jouer* for sports you play, and *faire* for sports you do.
>
> | | jouer | faire |
> |---|---|---|
> | masculine | au | du |
> | feminine | à la | de la |
> | vowel/h | à l' | de l' |
> | plural | aux | des |

2 Translate the sentences into English.

1. En Angleterre le basket est moins populaire que le foot.

   ....

> Although French always uses *plus* (more) and *moins* (less) for comparisons, in English we sometimes add '–er' to the adjective instead: 'harder', 'better', etc.

2. À mon avis, le rugby est plus violent que le volley.

   ....

3. Mon copain trouve la natation moins relaxante que le tennis de table.

   ....

4. Mon père trouve le golf plus compliqué que le handball.

   ....

5. Je trouve les arts martiaux plus difficiles que la gymnastique.

   ....

3 On a separate sheet of paper, write four sentences using one element from each box.

Le billard est plus ennuyeux que le ski.

la voile les arts martiaux le billard la danse les boules la natation	est sont	plus moins	fatigant amusant populaire intéressant passionnant ennuyeux	que	le foot le hockey le ski le rugby le basket le tennis

Feeling confident?

Grammaire 2
(page 123)

- The imperative
- Questions
- Il faut + infinitive

Cahier Rouge
Module 5

1 Change the verb in brackets into the correct form of the imperative.

1. *Mange* .... (manger – tu) moins de chocolat.
2. .... (prendre – tu) la deuxième rue.
3. .... (tourner – vous) à droite.
4. .... (aller – vous) tout droit.
5. .... (boire – tu) plus d'eau.
6. .... (parler – tu) avec tes copains.
7. .... (jouer – tu) tous les jours au foot.
8. .... (rester – vous) au lit.

> The *vous* form of the imperative is the *vous* form minus *vous*:
> *prendre* → **Prenez** …
> The *tu* form is the *tu* form minus *tu*:
> *prendre* → **Prends** …
> Regular –*er* verbs (and *aller*) lose the final –*s*:
> *écouter* → **Écoute** …

2 Unjumble the questions.

1. golf jouer Est-ce que aimes tu au ?
   ....
2. tu hier Qu'est-ce que fait comme as sport ?
   ....
3. faire tu que la de Est-ce demain vas natation ?
   ....
4. ce que fais matin Qu' tu est-ce ?
   ....
5. tu collège gymnastique que la Est-ce as fait de au ?
   ....

3 Translate the sentences into French using *il faut* or *il ne faut pas* + infinitive.

1. You must do sport. *Il faut faire du sport.*
2. You must go to the gym. ....
3. You must work hard in school. ....
4. You must sleep for eight hours a night. ....
5. You must not smoke. ....
6. You must not eat a lot of sweets. ....

Feeling confident?

Vocabulaire

Cahier Rouge
Module 5

Point de départ

Dans ma ville / mon village, il y a …	In my town / my village, there are …
beaucoup de possibilités sportives.	lots of sporting opportunities.
peu de possibilités sportives.	few / not many sporting opportunities.
une salle de fitness.	a gym.
On peut jouer au / à la / aux …	You can play …
On peut faire du / de la / de l' / des …	You can do …
le basket / le billard	basketball / snooker
le cyclisme / le vélo	cycling
le foot(ball) / le footing	football / jogging
le handball / le hockey	handball / hockey
le judo / le patin à glace	judo / ice skating
le rugby / le ski / le tennis	rugby / skiing / tennis
le tennis de table	table tennis
le ping-pong	table tennis
la danse / la gymnastique	dance / gymnastics
la musculation	weight training
la pétanque / les boules	boules
la voile / la planche à voile	sailing / windsurfing
l'athlétisme / l'équitation	athletics / horse riding
les arts martiaux	martial arts
Je suis membre d'un club.	I am a member of a club.
Je m'entraîne deux fois par semaine.	I train twice a week.
Mon héros sportif est…	My sporting hero is …
Mon héroïne sportive est …	My sporting heroine is …
Il/Elle a gagné.	He/She won.
Il/Elle a marqué un but.	He/She scored a goal.

Unité 1 – Plus ou moins?

Je trouve le tennis / la gymnastique …	I find tennis / gymnastics …
amusant(e) / fatigant(e).	fun. / tiring.
compliqué(e).	complicated.
divertissant(e).	entertaining.
intéressant(e).	interesting.
passionnant(e).	exciting.
relaxant(e). / violent(e).	relaxing. / violent.
ennuyeux / ennuyeuse	boring.
difficile. / facile.	difficult. / easy.
À mon avis,	In my opinion …
Pour moi …	For me …
le footing est plus facile que la natation.	jogging is easier than swimming.
la voile est moins amusante que le ski.	sailing is less fun than skiing.

Unité 2 – Pour aller au stade?

Pour aller …	How do I get to …
au stade?	the stadium?
au lac?	the lake?
au centre aquatique?	the aquatic centre?
au vélodrome?	the velodrome?
au parking?	the car park?
au bureau d'information?	the information office?
au restaurant self-service?	the self-service restaurant?
à la piste d'athlétisme?	the athletics track?
à la salle de gymnastique?	the gymnastics hall?
à la gare SNCF?	the train station?
à la gare routière?	the bus station?
à l'hôtel?	the hotel?
aux courts de tennis?	the tennis courts?
aux magasins?	the shops?
aux toilettes?	the toilets?
Va / Allez tout droit.	Go straight on.
Tourne / Tournez à droite.	Turn right.
Tourne / Tournez à gauche.	Turn left.
Prends / Prenez la première rue à droite.	Take the first road on the right.
Prends / Prenez la deuxième rue à gauche.	Take the second road on the left.
s'il te plaît / s'il vous plaît	please
merci	thank you

Feeling confident?

Vocabulaire

Cahier Rouge — Module 5

Unité 3 – Qu'est-ce qu'il faut faire?

Il faut …	It is necessary …	dormir huit heures par nuit.	to sleep for 8 hours a night.
travailler dur.	to work hard.	faire d'autres activités aussi.	to also do other activities.
manger équilibré.	to eat healthily.	Il ne faut pas …	You must not …
boire beaucoup d'eau.	to drink lots of water.	fumer. / consommer de drogue.	smoke. / take drugs.
avoir de l'assurance.	to be confident.	Il/Elle marque un panier.	He/She scores a basket.
être motivé(e) et déterminé(e).	to be motivated and determined.		
aller à la salle de fitness.	to go to the gym.		

Unité 4 – Ça va?

le bras / la jambe	arm / leg	Je me suis blessé(e) aux jambes.	I've hurt my legs.
le cou / le dos	neck / back	J'ai la grippe. / un rhume.	I have the 'flu. / a cold.
le genou / le nez	knee / nose	Il faut …	You must …
le pied / la main	foot / hand	rester au lit.	stay in bed.
le ventre / l'estomac	stomach	utiliser une crème.	use a cream.
la bouche / la gorge	mouth / throat	mettre un pansement.	put on a bandage.
la tête / l'épaule	head / shoulder	pratiquer des exercices modérés.	do some gentle exercises.
l'œil/les yeux / l'oreille	eye/eyes / ear	prendre des antidouleurs.	take painkillers.
J'ai mal au bras.	I have a sore arm.	Vous allez bien?	Are you well?
J'ai mal à la gorge.	I have a sore throat.	Ça ne va pas.	I'm not well.
J'ai mal à l'œil.	I have a sore eye.	Depuis quand?	Since when?
J'ai mal aux yeux.	I have sore eyes.	depuis trois jours	for three days
J'ai de la fièvre.	I have a temperature.	depuis hier	since yesterday
Je me suis blessé au pied / à la tête / à l'épaule.	I've hurt my foot / head / shoulder.		

Unité 5 – Allez, les champions!

Qu'est-ce que tu fais comme sport?	What sport do you do?	J'ai participé à …	I took part in …
Est-ce que tu as commencé ton sport à un très jeune âge?	Did you start your sport at a very young age?	Qu'est-ce que tu vas faire à l'avenir?	What are you going to do in the future?
J'ai commencé le foot …	I started football …	Je vais m'entraîner tous les jours.	I am going to train every day.
Qu'est-ce qu'il faut faire pour être champion(ne)?	What must you do to be a champion?	Est-ce que tu as un héros sportif ou une héroïne sportive?	Do you have a sporting hero or heroine?
Il faut …	You must …	J'admire …	I admire …
Est-ce que tu as participé à une compétition récemment?	Have you taken part in a competition recently?		

Feeling confident?

Published by Pearson Education Limited, 80 Strand, London, WC2R 0RL.

www.pearsonschoolsandfecolleges.co.uk

Text © Pearson Education Limited 2019

Developed by Melissa Weir
Edited by James Hodgson

Designed and typeset by Newgen KnowledgeWorks (P) Ltd, Chennai, India

Produced by Newgen Publishing UK

Original illustrations © Pearson Education Limited 2019
Illustrated by Beehive Illustration: Andy Keylock, Clive Goodyer, Gustavo Mazali, Martin Sanders, Matt Ward; KJA Artists: Mark, Neal; Pete Ellis; John Hallett; Andrew Hennessey; Alan Rowe

Picture research by Integra

Cover photo © Getty/Johner Images, Shutterstock/Neale Cousland, Jaklana phongphuek, A_Lesik, Tala-Natali

First published 2019

26 25
14 13 12 11

British Library Cataloguing in Publication Data
A catalogue record for this product is available from the British Library

ISBN 978 1 292 24876 9

Printed in Slovakia by Neografia

Copyright notice
All rights reserved. No part of this publication may be reproduced in any form or by any means (including photocopying or storing it in any medium by electronic means and whether or not transiently or incidentally to some other use of this publication) without the written permission of the copyright owner, except in accordance with the provisions of the Copyright, Designs and Patents Act 1988 or under the terms of a licence issued by the Copyright Licensing Agency, 5th Floor, Shackleton House, 4 Battlebridge Lane, London, SE1 2HX (www.cla.co.uk). Applications for the copyright owner's written permission should be addressed to the publisher.

Acknowledgements
The publisher acknowledges the use of the following material:

Photographs
(Key: T-top; B-bottom; C-centre; L-left; R-right)

Getty Images: Marc Piasecki/WireImage 26cl; **Shutterstock:** Syspeo/Sipa 26cr, Daxiao Productions 27; **123RF:** Iakov Filimonov 29; **Alamy Stock Photo:** Katerina Sulova/CTK 53.

Note from the publisher
Pearson has robust editorial processes, including answer and fact checks, to ensure the accuracy of the content in this publication, and every effort is made to ensure this publication is free of errors. We are, however, only human, and occasionally errors do occur. Pearson is not liable for any misunderstandings that arise as a result of errors in this publication, but it is our priority to ensure that the content is accurate. If you spot an error, please do contact us at resourcescorrections@pearson.com so we can make sure it is corrected.

www.pearsonschools.co.uk
myorders@pearson.com

ISBN 978-1-292-24876-9